学问 与 青年

唐君毅

著

九州出版社 JIUZHOUPRESS｜全国百佳图书出版单位

图书在版编目（CIP）数据

青年与学问 / 唐君毅著. --北京：九州出版社，
2020.11

ISBN 978-7-5108-8821-2

Ⅰ．①青… Ⅱ．①唐… Ⅲ．①读书方法－青年读物②
人生哲学－青年读物 Ⅳ．①G792-49②B821-49

中国版本图书馆CIP数据核字（2020）第236556号

青年与学问

作　　者	唐君毅　著
责任编辑	王　佶
出版发行	九州出版社
地　　址	北京市西城区阜外大街甲35号（100037）
发行电话	（010）68992190/3/5/6
网　　址	www.jiuzhoupress.com
印　　刷	三河市兴博印务有限公司
开　　本	880毫米×1230毫米　32开
印　　张	5
字　　数	73千字
版　　次	2021年11月第1版
印　　次	2021年11月第1次印刷
书　　号	ISBN 978-7-5108-8821-2
定　　价	35.00元

目录 CONTENTS

1　自　序

001　说青年之人生

006　说读书之重要

012　说阅读与听讲

020　说读书之难与易

027　说学问之阶段

035　说学问之生死关

041　精神的空间之开拓

052　新春与青年谈立志

060　学问之方法

072　学问之内容

072　（一）学问的分类

074　（二）狭义的学问

078　（三）什么是哲学

081　（四）理智与智慧

085　**与青年谈中国文化**

085　（一）中国之人文精神

089　（二）伦理道德与尚学术文化之自由及重世界和平之精神

095　（三）中国文艺精神

098　（四）中国宗教精神与其哲学

102　（五）余论

104　**说人生在世之意义**

116　**薛维彻论现代文明生活之弊端**

125　**六十年来中国青年精神之发展**

125　一、六十年来中国青年精神发展之四阶段

132　二、各阶段之青年精神之缺点

138　三、中国今后青年当表现之新精神

145　**外文人名中译对照表**

自 序 >>

　　本书所辑，大体均有关青年之读书治学及为人的一些短文。这些文章，除在《人生》一刊发表者外，有的是在新亚书院学生所办之刊物上发表过的，有的是在港九所办之《中国学生周报》发表过的。这些文章，因为要勉强适应读者，所以不能畅所欲言。有的地方，并不免用时下刊物笔调来行文，这在我个人是并不愿意的。有许多地方，亦写得不真切。这是我所引为愧疚的。但是我在每写一文时，我总是在迫切希望青年们能发愤读书做学问，成就他自己，以开拓中国文化之前途。我并未以敷衍塞责的态度来写文。所以这些文章所讲的道理虽很普通，但我想青年看了，仍可有些好处。加以重印，亦就不算浪费纸墨了。

　　方才我说，这些文章所讲的道理，都很普通。同类的道理在古今大学者的口中，恐怕都是说过的。我这一些文，亦未尝想把一切古今人所讲之读书治学之方法态度，加以一综合的说明。所以青年朋友们千万不要以为看了此书，便知一切读书治学之方法态度了。应当由此再去看古今大学者之如何读书如何治学才是。但是我这些文，亦有一好处。即这都是为此时代的中国青年写的。而且亦都有我个人之体会与经验为背景。所以尽管古今人多有同类的话，然而我相信，这些文仍多少有一种新鲜的意味。而我所希望于青年朋友的，亦只在其能由是而读书治学，皆与其个人之体会、经验连起来，而处处感到一新鲜的意味而已。

这些文之所以如此编排，亦略有一理由。第一文《说青年之人生》，可作一篇导言看。这篇文章之主要意思，是说青年之天德并不足贵。只有继天德以成人德才足贵。故后天的学问工夫决不可忽。后天的学问工夫中，最重要的，毕竟仍是读书听讲。故第二文《说读书之重要》，第三文《说阅读与听讲》。读书是以古人及远处人为师，听讲则是以眼前接近的人为师。学问之第一步在有师。此义在昔人时常说到。但现代青年多忽此，不屑读书听讲与求师，乃终于自误，最要不得。第四文《说读书之难与易》，是略说人在读书历程中之甘苦。此甘苦是有层级之不同的。

故此文仿《庄子》及《礼记》之二段文之笔调来写。依此笔调，一直写下去，便似太流走，亦有类游戏。但我之本意实非喜流走与游戏者。故望读者读此文时，勿一直滑下去看，要随处顿住来看。否则，我之罪大矣。

第五文《说学问之阶段》。第六文《说学问之生死关》，是泛就人读书做学问而逐渐有心得时所经历之阶段与关隘上看。此二文各分五段，皆可一一互相照映来看。

第七文《精神的空间之开拓》，及第八文《新春与青年谈立志》，则是从胸襟志愿之扩大提高上讲学问之道。此是讲的做人之学问与纯求知识之学问之交界处。

第九文《学问之方法》，是说明许多人孤立的讲学问方法之误，而说明学问方法之了解，实与学问同时进步。第十文《学问之内容》，是指出一般人只以求知识为学问之误，而说明学问之内容乃与吾人之整个生活同其广大。因我是学哲学者，所以对于哲学所说者稍多。然我却无丝毫轻忽其他学问之意。

第十一文《与青年谈中国文化》，是一讲青年对中国文化应有之一最简单的认识。我们今日之讲一切学问之目标，一面在成就自己，一面即在谋中国文化之发展。故无论在什么时候、什么地方，我们都应念念不忘一些中国文化之长处。此文初是为台湾之《我们的国家》一书写的。此书是希望每一国民阅读的。所以我写此文亦尽量求浅易明白。我想一中学学生亦能看的。所以附载于此。

第十二文《说人生在世之意义》，是提供青年一最简单的人生观。第十三文《薛维彻论现代文明生活之弊端》，初是介绍西哲薛维彻之思想之一段。此一段文之所以附于此，是要现代青年知道现代社会之文明生活包含许多问题，可使人之精神堕落，青年朋友们应于此警惕。薛维彻是现代一知行合一的哲人，他一生的时间多费在南非洲为土人治病。他的思想是要人回到对于一切生命的尊重。而在我们所要建立的中国未来之社会，亦应能去掉现代都市文明的毛病。人的精神应归向于朴厚，现代青年之治学做人，亦应有点乡土气。只有有乡土气而有朴厚的精神之青年，才能真正做学问，使自己成一真正人物。所以在乡村中的青年，不要气馁，在都市中的青年，应当时常警惕着现代文明生活的弊害之侵入自己。此即我之所以附入此短文之理由。

依此次序来编辑此诸文，其中亦有一线索，而略成一系统。其中重复的地方与缺漏的地方，自然很多。但是读者如依此序所说之根本义去看，亦可以把重复的地方去掉，把缺漏的地方补足，而自己形成一个对于读书治学做人之道的一整个的初步认识。

此书文皆我在一九五二年至一九五七年所写，但内容与时间无关。原由人生出版社出版。今人生出版社，将此书让归三民书局出版，除增加附录两篇外，仅校改若干字句，亦不另作序了。

说青年之人生

（一）

人生如四季，青年如春，壮年如夏，中年如秋，老年如冬。四季各有其景象。除非圣人，人难兼备四时之气于一时。青年、壮年、中年、老年，应各有其适宜而合理之人生。

老年应如冬日之可爱，以一慈祥煦育之心，护念后生。

中年应如平湖秋月，胸怀洒落，作事功成而不居。

壮年人应如花繁叶密，枝干坚固，足以开创成就事业。

青年应如春风拂弱柳，细雨润新苗，和顺积中而英华外发。

然如平湖秋月之中年与如冬日可爱之老年，谈何容易。到秋冬之际，草木凋零，寒风萧瑟。通常人到中年，便患得患失，人到老年，便暮气沉沉了。而社会文化的生机，不能不期诸青年人与壮年人。

壮年人如树木之已长成，枝叶扶疏，相互之间，不易相容让。孔子说："及其壮也，戒之在斗。"壮年人好斗，常为造乱之人。人类之战争，常以壮年人为罪魁祸首。

只有青年如嫩芽初发，含苞未放。代表天地之生机，人类之元气。

（二）

"前水复后水，古今相续流。今人非旧人，年年桥上游。"

"长江后浪推前浪，世上新人换旧人。"当老年中年都腐化堕落，壮年皆死于斗争中时，一代一代的青年，即不断的以其新妍活泼之朝气，使大地回春，而昭苏暮霭沉沉之世界。

青年自然有朝气，因其原在生长。青年自然纯洁，因在生长中之嫩芽上，纵有一点灰尘，亦因其生力推动，而随风吹去了。

青年因生长而不怕压力，不畏权威。谁不曾见嫩芽之自大石之下长出？

青年生长时，其嫩芽要长成大树。他所向往的是头上碧茫茫的太虚，而要求顶天立地。所以青年可以有开拓万古之心胸，推倒一世豪杰之气概。

青年自然富于正义感，要求其各方面才能之充量的平均发展。草木之生也直，人之生也直。一直向前生，即正直、正义感之泉源。健全的草木之生长，左一枝，右一枝，花花相对，叶叶相当，必求平衡。青年依其本性，总在堂堂正正的大道上行。他在一时可有所偏向，只看光明在哪里为定。如向日葵之依日之光明在哪方，他便向哪方偏。偏向光明，偏亦是正，亦是中。

这些都是青年的生机，青年的德性。青年的生机，化社会中的粪壤之腐朽为花叶枝干之神奇；青年的德性，使人类社会历史文化，不以中年人老年人之颓败，而得千古常新。

春天是造物者对大地的恩惠，青年是造物者对人类的恩惠。但青年的德性，亦是造物者给与青年的恩惠。此不是经青年之自己努力而成，是青年之天德，而非青年之人德。青年不应在此骄傲。青年的责任在依自觉的努力，继天德以立人德。

（三）

青年朋友们，你可曾在自然的纯洁外，时时拂拭你心灵上的灰尘？你可曾在自然的不怕压力、反抗权威、推倒阻碍外，真正求培植你自己之力量，而深植其根于历史文化之土壤，以吸收地下养料与泉水？你可曾在自然的正义感之外，细细去思维什么是人间社会最高的正义，真正求实现此正义而百折不回？你除了凭你自己个人之力，以实现你之抱负志愿，以向光明外，你可曾发愤求师友相勉或尚友古人，以扩大你之胸量，提高你之志气，而看见更大的光明？这些都赖你自觉的努力，而不能只恃你青年的天德。

青年朋友们，如果你只恃你青年的天德，以为即此可以傲视颓败的中年与老年，你便要知，青年转瞬即成壮年，成中年，成老年。青年的德性，随青年以俱来者，亦将随青年以俱去。"朱颜今日虽欺我，白发他年不让君。"你到中年老年时，你是不是亦会同你所厌恶之颓败的中年老年一样？"秦人不暇自哀而后人哀之。后人哀之而不鉴之，亦使后人而复哀后人也。"世界最大的悲剧，莫如"后之视今亦犹今之视昔"了。

如果人类真如草木，我们可以使他自然的生长，自然的衰朽。我们不必耽心现代的青年将来之衰朽，因为以后还有代代的青年，会出来以代表天地之生机、人类之元气。然而人类毕竟不只是草木。人之尊贵，在以人力夺天工。人不应自然的生长，自然的衰朽。

所以，我们不能不希望青年以其自觉的努力，充实培养其自然的德性。这样他到壮年才能如花繁叶密，枝干坚固，成就事业；中年才能如平湖秋月，胸怀洒落，功成不居；老年才能如冬日之可爱，以护念提携下一代之青年。春夏秋冬，四时之气，周行不息，而后岁岁年年，人道赖以永存。

（一九五二年八月《中国学生周报》）

说读书之重要

（一）

学问之道，本不限于读书。德性的修养、内心的开悟，是一种学问。这并不必须要读书。所以，不识字的武训，可以成圣成贤；不识字的慧能，亦能悟道。艺术的创造、诗歌的写作，亦是一种学问。然天才的艺术家与诗人，亦可不必读许多书，识许多字。如八指头陀作诗中有酒壶，写不出壶字，即画上一酒壶，仍不碍其为一绝代的诗人。此外，办事才能的训练，人情世务的洞达，亦并非必须多读书。科学上的观察实验，为求科学真理之要道，此亦不是读书。听人演讲，与人讨论学术，亦是做学问，而非读书。而且，我们还可说，一切对自然宇宙、对人生社会的知识，最初都是由人之仰观俯察、思想反省而得。所谓"尧舜以前，更读何书？"当初原只有自然宇宙人生社会一部大书。我们所谓书，乃人类思想文化已发展至某阶段才有的后起之物。则"何必读书，然后为学"呢？

（二）

但是，我们须知，我们不是尧舜以前。我们是生于已有书的时代之后。我们既生于有书的时代之后，我们就必须要由读书以了解人类文化，通过人造的书之了解，去进一步求更了解自然宇宙人生社会那部大书。武训、慧能、八指头陀，固不识字或未读多少书；但是我们今日仍只可由书上以知武训、慧能与八指头陀。已往的人，如何训练其办事才能，如何洞达人情世务，与科学的观察，实验之报告，哲学思想之纪录，亦大多皆载在书中。如果你有特殊办事才能，或对自然宇宙人生社会有特殊的观察实验及思想，你亦必将希望写成文字，著成书，以行远而垂久。由此便知，书籍虽是后于人类文化而有，然而却是整个人类文化之镜子。人必须要从此镜子中，才能了解整个人类文化之大体，而由自然世界走入人文之世界。这不是很明白的吗？

（三）

我们千万不要以为我们不读书，只凭我们之天赋的聪明智慧或思想能力，真可直接去读自然宇宙人生社会这部大书，而自己读出其深微广大的意义来。这部大书，似易懂而实难。其所以似易懂，是因为我们自己心灵的聪明智慧思想能力，亦可说是一面镜子，因而对此大书之内容，总能照见一些。其所以实难，是因这本大书，早经无数古往今来的有更高聪明智慧思想能力之人读过了，经无数更好的心灵之镜子照过了，还未照清楚而读懂哩。

（四）

然而书籍之为一镜子，却是一大镜子。从此大镜子中，可以了解整个人类之文化之大体，亦即可以了解古往今来无数有聪明智慧思想能力的人，其心灵之镜中，所照见的世界中之事物与真理。读书，即是把我们的小镜子，面对书籍之大镜子，而重去反映古往今来无数聪明智慧的心灵，所已照见之世界中之事物与真理，于我们之小镜子中。

一个心灵之镜子，照不见的事物与真理，另一心灵之镜子，可以照见。如果我们能透过书籍，而将无数的心灵之镜子所照见者重加反映，我们不是更能了解自然宇宙人生社会这部大书，而把我们之小镜子亦变成大镜子一般大了吗？这是从读书以增加思想之广度上说。但是更重要的是：只有读书才可以增加我们思想之深度。

（五）

读书之可以增加我们思想之深度，这可以读者与著者之心灵之镜之光明，互相渗透，则光之强度增加，来作比喻。但最好是以不同凹凸之度的镜子互相反映，则可看见我们原看不见之事物作比喻。我们都知道，显微镜与望远镜之所以能使人看见更细微更深远之事物，乃由于利用凹凸镜之互相重叠，乃能使光线深入事物内部，将事物内部之情形，清楚的反映出来，为我们所见。但是我们常不知读书正是使我们心灵自身化为重叠凹凸镜之一，而使我们之聪明智慧的光辉，能照察到更细微更深远的自然宇宙人生社会之事物与真理者，由此才培养出我们思想之深度。

直接单纯的一个思想，从来不会深的。只有对一个思想再加思想，才能使思想深。读书即是在思想古往今来的他人的思想。人只有走过他人所已走过的，才走得远。人亦只有思想过前人所思想的，才能思想得深。我思想前人的思想，而前人的思想，又是思想更前之人的思想来的。人类的文化史与思想史，是无尽的后代人，对于以前人之思想再加思想之成果。当人思想前人所思时，其心灵是凹镜。凹镜聚合一切来的光线。当人表出其思想，留给后人交与他人时，其心灵是凸镜，而分散出光线。重重叠叠的心灵之凹凸镜之互相反映，形成人类之思想史与文化史，人乃对自然宇宙人生社会中之真理，一步一步，更能达微显幽，而极深知远。人不经显微镜与望远镜，只凭肉眼，莫有人能了解细胞之构造，亦莫有人能看清天上的星云。人不多读书，只凭自己一点聪明智慧，去判断自然宇宙人生社会，又如何能达于细微深远之事物与真理？所以不多读人所著的书，而以直接读大书自许，这只是学人的懒惰，必将误人误己。

好多年来，因中国社会急遽变化，许多人主张读书不是学问中最重要的。所谓死读书，读死书，读书死。这诚然有毛病。但是不读书，而只自恃聪明智慧以思想一切，判断一切，亦恒不免肤浅。这样虽未必死，但亦是不能真活的。必须要以自己之活的聪明智慧，与书中人聪明智慧合起来，书活了，我自己亦才真活了。

（一九五三年七月《中国学生周报》）

说阅读与听讲

（一）

学问的范围，不限于学习知识（外如德行修养、办事能力之培养等）。学习知识之道，亦不限于听讲与阅读（外如讨论、写作等），但此文只谈听讲与阅读，尤重在告诉同学们之如何听讲之道。

听讲与阅读，不能偏废。善听讲之谓耳聪，善阅读之谓目明。

语言的声音，在时间中继续显出；书籍之为物，乃空间中之存在。此二者之区别，必须先认识。

因语言的声音，在时间中继续显出；故当听讲时，讲者下一句话说什么，为听者所不能完全预测。而真正善讲者或学问高一层者，其所讲者，通常皆在听者所可能预测者之外。纵然听者能预测所讲者之内容，亦不能预测其声音之抑扬高下，与其连带之表情。

由此而人专心听讲时，人即一方接触一种不可完全预测之世界，而直感一精神上之自由，同时听见由讲者之生命发出的声音，自此不可预测之世界流出。此声音有意义，使我们去思想到一些先未预想之事物或道理，由此而我们之生命心灵，乃与讲者发生共感。此与看书时之情调，是不同的。因为书中的文字是些什么，总是已先印好了的。一本书在面前，好似其中凝固着一大堆著者之已成的思想，客观的摆在那儿。然书本身不会发声以讲解他自己，好似死的。因而我们可说，阅读是与死书相接，而听讲是与活人相接。此是听讲之易于阅读之所在，亦是听讲之工夫，应先于阅读之工夫之理由。

但是此上所说，不是阅读较听讲为次要之理由。实际上人真正走上学问的路，阅读工夫必须逐渐超于听讲。

只重听讲之大害，在使学人之心灵活动，习于流走，而不易凝注于某一道理或事物之思维。因讲者之声音之本性，即是在时间中流走的。他已说了的话，不能一一回头再重复，而听者之心灵亦不易凝聚的，反复的，从事某一道理或事物之思维。而书籍之为物，因其为空间中之存在，则可使我们精神凝聚其中，而反复的看，以把握著者所言之始终本末。由此把握而凝固于死的书中之义理等，在我自己之心灵中复活起来。这亦成了我们有更大的生命力的证明。

所以我们说听讲阅读在学问历程中同等重要。

（二）

口讲难，听讲亦难。著书难，读书亦难。讲之意义与价值之昭显，在于讲者与听者之合作。书之意义与价值之昭显，在于著者与读者之合作。

但是从一方面说，口讲难于著书，因著书可以假定之一类读者为对象。人著书之目标又可纯只是为表达真理，留此书于天壤间，俟千载之后，一遇得其解者。而讲学时，则听众是已定了的。讲者须求应听者之机，料其为听者之所能解以讲。以《易传》的话说，著书可只是方以智之事，口讲则更是圆而神之事。

听讲之所以难于读书，是读书可以自己选择。听讲者已入课室，或讲演厅，则不能不听。无论他讲什么，听者都愿听，而都能由听而得益，此方是善听者。

我不善讲比较善听，亦非最善听者。但是我知道善讲者善听者之道。这一点我却能讲，希望同学们（尤其是有志于教育的同学们）善听。

我理想中的善讲者，不必有一般之讲话的技巧，这是次要的。重要的是他在讲学时，他不只是报告他所已知之知识，而是生活于他所讲的知识之中。许多道理，许多话，虽然他早已知道，或曾说过无数次。但是他此次之讲，是一新的事，因自一事之单独性言，凡事皆新，凡事皆盘古开天地以来之所无——于是他在讲时，亦好似初次发现此道理，第一次开口说此话一般。这便是讲者之全副精神，生活于其所讲者中之证明。讲者如果能这样，则讲者与听者皆可永不感厌倦。如果不能这样，则他在讲同一道理或事物时，他最好换一新的方式来讲。前一种讲法，我作不到。后一种讲法，我曾试过。有些课程，我总教了二十次以上。我每次讲，如不变内容，总要变换一些讲的方式。这虽然仍不能讲好，然至少使我自己不发生厌倦，也使听者少些厌倦。所谓通其变，使民不倦是也。

同一的道理与事物，常常可以换方式来讲，其理由在：

同一道理可寄寓于许多同类事物。道理熟了，则例证俯拾即是。每换一例证，即可使一道理，显一新的光彩，新的面目。

任何道理，皆有其所据之深一层之道理，及由之引申出之道理，与之并行而相依之道理，以及其反面之道理。从深讲，是自下而上，可以深一层，或深二层，或三层……。向前引申讲，是自上而下，可以进一步，进二步，或三步……。并行相依者，亦可增一项或二项……。反面者，可说可不说。如说反面，则须兼说对反面之驳斥。然对反面之驳斥，又可有驳斥之者。于是又可有此驳斥之驳斥。这样六通四辟的讲，则同一道理，可用无数方式讲，然而仍只是一个。

如果是讲具体的事物，如历史文学中之事物，则具体事物本来有各方面之性相或理，或对其他事物之各方面之关联。由是而可分别依不同之观点论点，以分别自各方面说。然而无论说多少方面，所说仍是那一事物。

此上所谓对同一道理或事物，自各方面说，亦为著书之一道。但因为口讲时最须应机，以照顾听者之程度，故口讲时乃特须注意。

（三）

我们知道善讲者之道，便知如何成为一善听者之道。（此下所说亦为阅读之道。但因声音之流动性与口讲者恒是应机而说，故亦更为求善听者所特须注意。）

因为善讲者讲一切他所已知者，当如像第一次讲。故善听者对讲者所讲，纵已先知，亦当如第一次听，此可称为闻如未尝闻。

因为善讲者，要从深一层进一步或由反面来讲，所以善听者听到深一层的话，便当思深二层的话当如何……。听了进一步的话，便当思进二步的话当如何……。听到反面，便当思反面当如何驳斥。此姑可称为能闻其一即求知其二与三……者。

因为讲者恒将一道理，只寄寓于随手拈来之一二例证。故善听者须就其所举之例证，以凑泊一道理之本身。既凑泊此道理本身，即可将此道理，另寄寓于无数其他例证中，此姑可称为闻一以知十者。

因善讲者恒举出一道理之根据之理，所引申之理，并行相依之理，或由反面之理之拨开等各方面，以托出一中心之道理；或由事物之各方面之性相或理，各方面之关联，以说一中心之事物；故善听者即是能以上所谓"各方面"为边缘，而会归于上所谓"中心"之把握，并以中心涵盖此各方面者。此姑可称为闻十以知一者。

但是，讲者本来善讲而善听，这是容易的。讲者不善讲，善听者仍能听出道理而得益，则是最理想的听讲者。

此最理想之听讲，知道有学问者不必善讲，善讲者不必每次都善讲，每次善讲者，亦不必每次皆能毫发无遗憾。于是他能一面听，一面由其言语之所及，透视讲者言语之所不能及与未及。并且他在听讲时，即视如自己对自己讲。如果觉讲者何处有遗憾，在自心里即代他补足。如自己之学问不能加以补足，则留此一问题在心，以供此后之研究。这样则无论讲得好与不好，在我皆能得益。

人应当求好。讲学者应当求讲得好，成为更善讲者。但听讲者亦当求为更善听者。此之谓各尽各道。如果听者不善听，讲者当更求善讲，则补足了听者之缺点。如果讲者不善讲，听者当更求善听，则补足了讲者之缺点。这样便莫有不好的听者，亦莫有不好的讲者。此之谓真的讲者与听者之合作，真正的教学相长。

（一九五四年一月《新亚校刊》第四期）

说读书之难与易

（一）

　　书易读，亦难读。易则甘，难则苦。历甘苦，能读书。

　　太平之世读书，易；马乱兵荒年，亦能读书，难。静穆的乡村读书，易；在城市闹中取静，亦能读书，难。明窗净几读书，易；败屋茅棚亦能读书，难。于教室、图书馆读书，易；于车上、船上、旅途中，亦能读书背书，难。闲时读书，易；忙时放下事立刻能读书，难。

（二）

　　书易读，亦难读。浅尝易，深入难。见文字平铺纸上，易；见若干文字自纸面浮起凸出，难。见书中文字都是一般大小，易；见书中文字重要性有大小，而如变大或变小，难。顺书之文句之次序读书，易；因识其义理之贯通，见前面文句如跑到后面，后面文句如跑到前面，平面之纸变卷筒，难。于有字处见字而知其意义，易；心知著者未言之意，于字里行间无字处见出字来，难。于无字处见字，易；将一切文字之意义，综合融化为我自己之思想，而不复见有书，因而不觉是我读书，而似是书曾读我，难。只觉书曾读我，易；再能将书中之意，另用不同之文字写出，横说竖要，珠不离盘，难。

（三）

书易读，亦难读。泛览易，精读难。取各书参考，易；读一本书而专心致志，如天地间只此一书，难。读一本书而专心致志，易；读持论不必同之一类之书，而皆能分别如实了解之，难。分别如实了解持论不必同之书，易；再凌空的提出其同异之点何在，难。一一举出同异之点，而排列之，易；知其所以有同异之关键，其差毫厘而距千里之所在，难。知其同异之关键犹易；评判其得失与是非难。

以主观之标准自己之成见，评判其得失是非，易；举事实材料，以评判其是非得失，难。而指出书中思想本身之矛盾，或引出书中之思想之涵义，而见其自相矛盾，即以其本书之义，纠正本书，则恒更难。评判一书之缺点易，知此书之缺点，如何以其他之书中所说，加以补足，难。左右采获，兼取诸书之所说使相补足，犹易；而另创新说，以包涵各旧说之长，使各旧说之长，在新说中各得其所，难。

（四）

书易读，亦难读。买书易，选书难。以一时代流行之标准选书，易；以超流俗之标准选书，难。选历史上公认之名著而读之，易；能选未经公认之有价值之书而读之，难。治学而先有问题在心，见某书能答我之问题，而搔着我之痒处，即能有眼光知何书真有价值，于我有益，而后选书，易；知其有价值，而深研之，不震慑于流俗之标准与传统之标准，难。

（五）

书易读，亦难读。想读之好书，都在案头，则读书易；想读之好书不在案头，而只得读第二流以下之书，则读书难。读第一流之书能得益，易；读第二流以下之书亦能得益，难。读第二流以下之书得益，易；读三四流以下，以至读坏书，亦觉开卷有益，难。人读坏书，而能知其所以坏，即反照出好的当如何，如见人之恶而知善的当如何，则读坏书亦能得益，而难者不难。读坏书而能得益，易；读坏书而反照出好之当如何，而著出第一流第二流之好书，难。

（六）

书易读，亦难读。读"易读书"易，读"难读书"难。读本市新闻易，读国际大势新闻难。读国际大势新闻易，读历史难。读历史易，读瞻往而察来之历史哲学难。读历史与历史哲学易，于本市新闻知其历史意义难。读描述具体之事物，表达具体之情感之小说诗歌，易；读充满抽象之理论之数学自然科学社会科学哲学书，难。读理论之书，循序渐进则难而易；读理论之书，欲自恃聪明而跨大步，则难上难。读明明是难之书，而以不畏难之精神读之，则有心得犹易；读似较易而实更难之书，能有心得还要难。如读明白提出抽象之理论之书而有得，易；读未提出抽象理论，而融理于事，待读者自悟其理之书而有得，难。读文字繁之好书有所得，易；读文字简之好书有所得，难。故《论语》似较《孟子》易而实更难，《庄子》似较《荀子》易而实更难，《诗经》似较《楚辞》易而实更难，《史记》似较《汉书》易而实更难，禅宗似较天台法相易而实更难，《新旧约》似较多玛斯、奥古斯丁之著作易而实更难，读似较易之文学诗歌而有心得，亦可较读理论之书有心得更难。此皆如行于似较平坦广阔疏朗之道路，而随处有所得，比翻过崔嵬险峻之重峦叠嶂，随处有所得更难。

（七）

书易读，亦难读。知书之难读，而先读难读书，则书亦易读。以书为易读，只读易读书，则书愈读愈难。如人能不畏难以登彼高山，则到了平地，自然健步如飞；如只喜求轻松流畅易读之书而读之，先习于顺水行舟，不肯费力，则将来在平地上行长路，亦将如登山之难。然遇难读书，不畏难而奋力以登山，犹易；既惯读难书，乃身轻如燕，能登山如履平地，尤难。登山如履平地，易，而再到平地读易读之书，仍如狮子之搏兔用全力，不以轻心遇之，难。

（八）

书易读，亦难读。只读书易，读书而兼欲著书难。为著书而读书，易；为读书而著书，以著书求自己学问之进步，以便更能读懂古今之好书，难。著书以成当世之名，易；成当世之名不自矜，难。成名不自矜，易；人不知而不愠，难。人不知而不愠，犹易；人不知仍自努力，以其所学贡献于世，著书以求于世有益，难。著一时之于世有益书，易；及其发生流弊，或觉心有所未安，理有未得，而能自改正错误，难。改正错误，易；自信从今不再错，而能百世以俟圣人不惑，难。不敢有绝对之自信，乃好学不厌，易；好学不厌而知后生可畏，乃教人不倦以启迪来学自任，望其能补己之所不足，难。

（九）

书易读，亦难读。读书以成学者易，坐能言起能行以致用难。读书以致用易，读书而真能自己受用，真有读书之乐难。有读书之乐，易；变化气质，难。变化气质而有学者之书卷气，易；化学者之书卷气为圣贤之气，渐渐胸中无一字，难。渐渐胸中无一字，易；临终之际，对平生所著书所从事之事业，皆视如人间之公物，于我皆若浮云过太虚，只还父母生我之本来面目之身心于天地，难。

（十）

书易读，亦难读。说难说易都容易，各人甘苦各人知。

（《新亚校刊》第三期，一九五三年八月

《人生》杂志第五卷第十期）

说学问之阶段

（一）

我此文所谓学问之阶段，要活看不要死看，人一生学问当如此，对任一学问亦当如此。

学问的第一阶段，是相信他人的话，此他人，或是父母，或是朋友，或是师长，或是所佩服的今人古人，或是公认的圣贤，而依他的话去思想。

小孩子初走路时，必须扶着大人的手走。

学问的第一阶段，不能是怀疑，与反对。因绝对的怀疑，是一虚空，不能成一开始。绝对的反对，使任何学问的开始，成不可能。

一个小孩子，愈能专诚的听人讲故事或讲话者，这小孩子便愈是大器。

一个人听人讲话，而不假思索便先信为真，不疑其为欺骗，这亦是其愚不可及的大器。

器之大，在其能容物，人心之大，首先表现于其能信与愿信之量。

（二）

学问的第二阶段是疑。

人因愿信，欲求有所信，而听人之话或读古今人之书。然我们对持论相反之各种话与各种书，不能皆信。而人之话与书中之思想，亦可与自己之经验及思想相异或相矛盾，而不能不疑。

对一切人之话与书中思想皆相信者，必至无一真信。这样治学问，永不会有自己的思想，至多只能记得他人的话或书中之文字而已。——此即记问之学。记问之学到家，亦不过等于一人形字典、人形辞书，此之谓读死书，听死话。

人之自己的思想之开始，是疑他人之话，疑书中所言，亦疑自己之意见思想，恐怕不对。而对相异相反相矛盾之思想，求一抉择，求一会通。

人在疑时，如小孩之开始独立走，左亦不是，右亦不是，忽然跌下，忽然爬起。

人之学问历程，都必须经过一群疑并兴、寝食俱废之阶段。在此阶段，我们常不免觉父母、师长、朋友、古人、今人、圣贤先知之言，若无一可信，自己之思想亦不可信。烦闷之极，常会生何必读书何必治学之感。

然人不经"疑"者学问必无进步。而在学问中，愈能大疑者，而感大烦闷者，愈是大器之征。

（三）

学问的第三阶段是开悟。开悟是任何学问历程中都有的。

疑是山穷水尽疑无路，开是柳暗花明又一村。疑是菰蒲深处疑无地，开是忽有人家笑语声。

人家笑语声，只是自家笑语声。这即是在可疑的一切之外，发现不可疑的某物或某事或某一道理；由此而发现不可疑的某些物、某些事、某些道理。

"谁谓河广？一苇航之。"人只要发现一个不可疑的，便可开始去航渡真理与学问之海。

各人所发现的不可疑之事物或道理，可各不相同。但是一定要有。亦绝不会莫有。重要的是人要常常去自觉其有，人之思想，乃自然环绕此不可疑者，而生长，而开展。

人在觉有不可疑之事物或道理时，人在学问境界中，才可说有心得。此所心得者，无论是异于人，或同于人，都是我的心得而属于我，皆对我有至高上的价值，亦莫有人可以夺去。

人在学问中，有心得时，便会自觉以求有所心得，为学问之目的。于一切他人的话，一切的书的文字中之一切思想，都要反求诸自己的心，而看其是否真安放得进去。于心不安，绝不含糊，而不即信为真。把他摆在心之角落中。此时人是"求之于心而是也，虽其言出于庸人，不敢以为非也。求之于心而非也，虽其言出于孔子，不敢以为是也"。何况朋友？何况师长？又何况名流学者？何况流俗的意见？人在学问中，真有真知灼见，便可以虽千万人吾往矣。人由此而自己作自己思想的主宰。而人只要真能为其自己思想的主宰，人遂皆可在其独立苍茫自用思想时，自觉上天下地，唯我独尊。

（四）

学问的第四阶段，是由一点一滴的心得，连系成线，成蛛网，成面，成体。人的心，乃以思想的内容之逐渐广大而开展；于是其自尊心亦不复向上凸冒，更绝不至化为骄傲。乃由其心之广大开展，化出一涵容他人之相异思想的度量胸襟。与我相异的思想亦许真，亦许错。与我相异而皆真者，皆如道并行而不悖，人乃见真理世界，真是坦坦荡荡的乾坤。与我相异而错者，与真固不相容。但是一切观念思想的错误，都由于其越位。把越位的观念思想，重加安排，使之各还原位，即不错。马有角是错的。但角的观念，本身并不错。角的观念，本是用在牛羊类的。牛羊有角，原是真理。把马与牛羊混淆，乃生马有角之错。去此混淆，把角之观念，再还于牛羊之类，便对了。

一切人类思想之错误，皆可作如是观。由此而我们遂知一切人类之错误思想，皆依于真理，亦皆可重加组织安排，而化之为真理。

由此而人可了解错误的世界依于真理之世界。错误的世界之底层与上层，皆是真理之世界。无论人如何犯错误，而此底层与上层之真理世界，却永远安静而莹澈。

人在真知错误之世界之底层与上层，即真理之世界，人遂知随处翻过错误，透过错误，以发现真理，而同时能宽容他人与自己之错误。他知一切错误，在真理世界前，都只如浮云过太虚。它们最后要随风吹去的。

人之学问，到此境界，乃能有学问之乐。真理之世界是坦荡乾坤，故可乐。真理之世界悠久而恒在，故可乐。乐真理之世界即乐道，乐道即学问之第四阶段。

（五）

学问之第五阶段是知言。知言是知真者之所以真之各方面之理由，而又知错者之所以错，与如何使错者反于真，由此而后人能教人，能答人之疑问，能随机说法与自由讲学。

人之知一真理，总依于一理由。但是一真理，不只有一方面的理由，且有多方面的理由，以至有无数方面的理由。此即逻辑上，所谓不同前提可得同一结论。人常是自一条路通罗马。然而条条大路都通罗马。所以人从一条路到罗马，不能便定居在罗马。还要再离开罗马，试去从条条大路走到罗马，通罗马。由此人才能把其他路上的人，亦带到罗马。并且对于想到罗马而已走上崎岖小路的人，或背方向而行的人，指出到罗马的道路。此即是使迷失真理之路而犯错误者，知其所以错，及如何可反于真。由此而后学者成为真正教育家。人要当教育家，亦才真知学问艰难，学问的无穷，与教人之不易。因通罗马的大路，莫有人走的完。而走上崎岖小路背方向而行的人，是太多了。

故人之学问，到了想当教育家的阶段，人将重新再感到他自己之无知。

他之无知，是因为他之不能定居在罗马，而要离开罗马，去重走生疏的其他的路道；重与未到罗马的人、走错路的人，站在一起。这样，他是不能免于无知之感的。因为他人的无知，即是他自己的无知。于是他与他们不免同样的要处处感到惶惑与疑难，并沿路问人。由此而到学问最高境界的人，看来便与无知无识的人一样。曾到罗马者与未到罗马者一样。你说你到过罗马是无用的，因为大家同在一生疏的路上。

这亦就是孔子之所以说他自己之无知，苏格拉底之所以说他自己之无知。牧羊人此时自己亦化为一只羊。圣人最后亦与初学步的小孩一样，而只有一朴实的信心。即相信大家翻过崎岖的小路，终会走上罗马大路。

这亦就是学问之最后的第六阶段。

（《新亚校刊》第二期，一九五三年四月

《人生》杂志第四卷第十一期）

说学问之生死关

（一）

我虽表面上读了多年的书，亦似研究了多年的学问，但是常常会感到做学问之不易，随时觉得我之学问会死，亦随时绝处逢生。现在仅就我个人的一些经验，用些比喻的话写出，以供同学们参考。

记得古人曾说："任何学问，远望皆如一邱一壑；近观则皆成泰山沧海。"人对学问，最初皆只是远望，由此而会觉任何学问，皆不过一邱一壑。任何古今学者之学问，亦"不过如此"。数学不过讲"数"；历史不过讲已成的"事"；哲学不过讲"理"；孔子不过讲"仁"；耶稣不过讲"爱"；司马迁也不过作了一部《史记》。但在我们对任何学问，从"不过"（Nothing but）的眼光去想时，则我之学问立刻死。此是死在学问之门外。此时必须相信一切"不过"之中，大有事在，大有我所不能过者，而后学问乃得生，人乃得入于学问之内。

（二）

人入于学问之内时，须选择师友或私淑古今的学者，以之为模范；或选择某一门学问之著作，加以研读，由此以带我到学问之路上去。然而这些选择，都是极不容易的。我们所认为好的师友、所认为模范的学者、所认为好的书，可能只是表面易见的好，而不是真正内容的好。真正内容上好的，我们或不会选择。所以人说子贡贤于仲尼，子贡说："譬之宫墙，赐之墙也及肩，窥见室家之好；夫子之墙数仞，不得其门而入，不见宗庙之美，百官之富，得其门者寡矣！"此时，人选子贡而弃仲尼，学问又死了；只有选仲尼，以得其门而入者，而后学问之路生。

（三）

人入学问之内时，常是由一问题之真感受，或一义理之真见到而入。然而人感受任何学问之问题，都会觉左冲右突，难于解决。人要持定任一义理，亦都须要反覆地审虑。因而感到思想之难于再进一步，再开拓一步。此时，我们之心在问题中，在反复地审虑中，如人之初入陶渊明的"桃花源"——"山有小口，髣髴若有光……初极狭，才通人。"此时我们之学问，亦随时可死。必继续锲而不舍"复行数十步"，然后"豁然开朗"，见"土地平旷，屋舍俨然"。感有所得之乐，而后学问之路生。

（四）

人之学问，在感有所得之乐时，人才开始安于学问世界之中。然学问世界之中之问题，却是一个连一个，义理也一层连一层。此时人于学问，固可欲罢不能；但同时亦可随处留连不去，如桃花源中之行客。此即比喻我们会安于所得之义理、已有之学问，而自限其中。此自限之趋向，乃深植人心。学问愈进，而此自限之趋向日强。此之谓"道高一尺，魔高一丈"。此魔即在我们自己之学问之本身，而非自外来，故最难去。此魔亦随时可使我们之学问停止而死。

当我们学问停止时，即我们不求认识更深、更高、更远之问题与义理之时。此时我们即反而着重他人来"认识"我已有之学问，而化为一好名心。故好名心之生，即学问之死机将至之外征。而学问之生机，则在去探求更高、更远、更深之问题与义理之一念。念"掘井九仞而不及泉，犹为弃井也"，是求极深。"欲穷千里目，更上一层楼"，是要登高。"梧桐一叶落，而知天下秋"，是能知远。

能见一问题中所潜藏之问题，能知一义理所据之根本义理，一事物中所包含之隐微事物，是之谓学问中能极深。

能自一观点，俯瞰诸居于卑处之人，于其各观点分别所见之事物与义理，而综合地并呈之于目前，是谓学问中能登高。

能引申一义理而尽其涵义，以推证或烛见其他义理；或由一事物为因而推证或烛见其果，与果之果，是谓学问中能知远。

在学问上能极深、登高、知远，而后学问能大。

（五）

在学问上能极深、登高、知远，是否学问则不死而永生呢？这亦不尽然。人的学问一直向深处求，向高处看，向远处推，皆莫有底。一直往而不返，学问亦会死的。学问直向深处求，便会成古人所谓"黄泉道上，独来独往"。直向高处看，亦会感"琼楼玉宇，高处不胜寒"。直向远处去，便如"平芜近处是春山，行人更在春山外"，使人难以为怀。孤行独往，虽是造学问的人，所不得不经过的；但一直孤行独往，则自家学问与人不能相喻，与人不能交谈。学问到与人不能相喻或交谈时，则此学问成为人与我间之墙壁。同时我们自己亦会反而厌弃此墙壁，而愿学问死。要使学问不死，便须再能由高至低，由深至浅，由远至近，由大至小。以近喻远，以浅喻深，以低喻高，以小见大。善歌者使人能继其声；善教者使人能继其志。而后学问方如源头活水，奔流不舍昼夜，可运行于人间，以得永生。

学问之生死关，暂说为五层。但最后一层，不是青年朋友们之所急。如尚不知学问之艰难，不知求学问之深高远大，便只知求平易浅近，则学问必朝生暮死。所以，我主张青年朋友们治学问，用思想，都要向难处去，深处去，高处去，远处去，大处去。先看分量重，而不大看得懂的书，先想不易想得通的问题，以及先求把握不能全把握的义理。如青年人吃饭一般，应吃糙米，不要吃太熟的米，这才可以健胃。诚然，全不能消化，亦是不好的。但我们亦不能先自以为不能消化而畏难才是。如果这样，学问又死了。

（一九五四年三月《中国学生周报》）

精神的空间之开拓

（一）

学问之始点，在人所立之志愿。志愿开拓人之精神的空间，使学问之进行为可能。

我们都知道物质的东西，存于一物质的空间。物质的空间，亦即物质运动的场所。物质的空间愈大，则所容纳之物质愈多，物质自由运动之场所愈广。故太空寥阔无际，而日月星辰，运行其中，以终古不息。

但我们常忘了，一切精神的东西，我们之一切观念、印象、想象、概念、知识、学问，皆运行在我们精神的空间之中。精神的空间，即中国古人所谓度量胸襟。此度量胸襟，主要由我们之志愿而开拓。

我们不能希望一小块地方，能建筑一大花园或都市；

不能希望一都市的空间，能有川源交错，山脉纵横；亦不能希望在一地球之面上，有日月星辰来往。我们同样不能希望在狭小之度量胸襟之中，能有伟大的精神生活，与精深广博的学问知识。这些东西，无空间加以容受，是不会来的。来了，勉强容受，亦要被挤出去的。

精神的空间之随志愿而开拓，亦如一帐幕之被幕中之柱顶起来。此一顶，即开拓出帐幕的空间。顶穿帐幕，便见天上日月星辰来往。

精神的空间之随志愿而开拓，亦如梦中的世界，随梦魂之所往而开拓。梦魂到哪里，梦中的世界即开拓到哪里。梦魂历遍梦境，人便醒来，梦中的世界，即过渡到醒时的世界。醒时的世界为我所感觉，亦同样在我之精神的空间之中。此与以上之顶穿帐幕者之比喻，都是证明我们的志愿，虽是似发自主观之自我，而最后都要通于客观之外界，而涵盖客观之外界的。

人之志愿，又如天风，风之所以为不同的风，只在其方向；人之所以为不同之人，即在其志愿。志愿到哪里，即人是什么。人是什么，学问之成就即是什么。如春风吹到哪里，便是哪里的花开。春风遍地来，即处处花开。此正如人生之志愿伟大，则学问之成就亦大。人有志而复丧志，已得之一切学问知识，皆立成无根之木、无源之水，终将化为枯枝败叶，断港绝潢。这中间的关系，丝毫不爽。故立志是学问的始点。

（二）

中国从前人讲学问之始点，都在教人立为圣为贤之志，立为天地立心为生民立命之志，立成己成物之志，立先天下之忧而忧、后天下之乐而乐之志。这一套话，现代人都视之为空阔的大话，而不喜欢讲了。现代人喜欢讲思想始于解决实际困难与惊奇心，学问之始点在怀疑与打倒偶像，多观察实验，依逻辑推理之类。亦有人说，从前那一类是讲的德性修养的学问之始点，而现代人所重的，则是理智的思想与纯粹的知识之始点。二者各是一种学问，所以渺不相涉。

其实二者渺不相涉之说并不对。人之理智的思想之进行，与纯粹的知识之开拓，亦依于人之德性的度量。这我可以加以证明。譬如主张人之思想始于解决实际困难的，如杜威，都知道人之感实际的困难，由于人之情志上的要求。如果人无情志上的要求在先，则并不会以困难为困难，因而亦不会有问题待解决，亦即不会有思想。此语即意涵：情志上的要求渺小，则困难渺小，问题渺小，而思想渺小。其次人之能对新妍特别的东西，感到惊奇，最初亦只是人之情趣，好像跑到自己之外去了。一个封闭于自己之习惯与过去经验的心灵，对于任何惊天动地美妙庄严之事物，都不会有真正的惊奇之感，而去加以研究的。

人之能怀疑古人的成说，传统的习见，流行的观念，而欲打倒权威与偶像；或是由于人自觉已了解了新真理，自觉的爱好了新的价值理想。此时怀疑与打倒是第二步的事，不成学问之始点。否则便由于人内心先对古人成说等，直觉感到一情志上的不安或不满足。人之能多观察实验与依逻辑推理，都本于一锲而不舍之求真理的兴趣与志愿。这些都是人所共认的。

我们只要承认人之理智的思想，人之求纯粹的知识，都由人之有自然的直觉的情志上要求，为其根据；便知人要自觉的，求其理智的思想之继续进行，求纯粹的知识之不断开拓，亦必须先自觉的求其情志所及之范围之扩大，而立下远大之志愿（本文中志愿、情志二名通用）。

人不立志，人固然亦可本自然的直觉的情志的要求，以运用其自然的聪明，去发生一些思想，求得一些智识。因人之自然的情志的要求，只要是真实的，皆依于其自然的德性。但是自然的德性，自然的情志要求，有其自然的限度。在此限度之外者，亦必在其自然的聪明之运用所及之外，因而在其思想与知识之外。

人之立志，是人之奋然以自兴，求超越自然的情志要求之限度——即超越其自然的德性之限度。由是，人乃能超越其自然的聪明运用所及之限度，自己创生自己之聪明与智慧；而后其理智的思想，乃能真正相续而运行不息，其知识之范围，亦才能不断的展开而扩大。所以人之立志，不仅是道德的学问之始点，亦是人之真正求理智的思想与求纯粹的知识的始点。

（三）

中国先哲言立志，必期于成圣成贤，为天地立心，为生民立命，成己成物。这与基督教之要人首先要归主，相信上帝，而实现上帝之爱于人间，及佛教之要人发心渡尽一切众生，得一切智成大觉者之佛，都是先以第一义教人。这些话对现代人说，却都似大话。

对于这些大话，要有亲切的了解，须先认识这些话，只是表示人之志愿，而不是表示人之欲望。这些话，不是要人自我膨胀，而是要人先直接开拓一精神的空间。人可以不知道天地之全部内容是什么，但是人可以知道天地是比我更大的。人可以不知道生民与众生是什么，但是人可以知道生民是我以外之无数有心灵精神之存在，众生是我以外之无数的有血肉有生命之存在。人可以不知道圣贤与佛是什么，但人可以知道，他是比我现实之人格更完善的人格。人可以不知道上帝是什么，但是人可以知道，上帝是超越我之心灵精神一更大的心灵与精神之实体。人纵然不相信有所谓圣贤与佛或上帝，而对之怀疑，但是你怀疑他，你不相信他，他便在你之心灵与精神之外。他仍是"超越你之心灵精神之外，而你不知其意义"的名号。所以这些大话，都至少有同一的作用，即使我们由感到天地、生民、众生、圣贤、佛、上帝之超越于我们自己，而自知我们原先狭小的自我之限制；同时即在我们自知自己之限制处，启现一无限之世界与理想在我们之前，并要我们去担负对此无限之世界与理想之责任。此责任感，又立刻把我们之狭小的现实自我，自内部撑开，而拓展我们自己之精神的空间。

但是我们如能亲切了解这些大话之直接作用之所在，我们亦可以不必在文字上，把这些大话重复的说。我可以直接说，所谓人之立志，即立一开拓其精神的空间之志。物质的空间必极其量，如太虚之辽阔，且总是这样辽阔，而后有日月星辰来往。精神的空间，亦必须极其量，且当求极其量，使吾人之情志，恒遍运于所接之事物与世界，而后能随处运用思想，获得知识，以成就学问。

所谓使我们之情志，遍运于所接之事物与世界，其初步，是使我们对于所接之事物与世界，有一亲和感。此亲和感，即能直接引发我们之聪明智慧的光辉，以随处透入对象。画家必须对事物之颜色之配合，有亲和感，才能了解颜色之美。音乐家必须对声音之抑扬，有亲和感，才能了解声音之美。一切艺术家以至自然科学家，皆须对自然亲和感，亦才能了解自然。西方近代的自然科学，皆始于天文学，而十六七世纪之伟大的天文学家，都是因先相信上帝表现其自身于天体之运行的秩序中，于是由宗教信仰中对上帝之亲和感，转成对星空之亲和感，遂更能尽心于天文研究。今之天文学家，纵不相信上帝，然亦必先对苍穹发生神秘之美感，才会去研究此不切实用的天文。我们另有种种科学史上的证据，可指明数学家之于数、逻辑家之于逻辑关系、一切自然科学家之于自然之定律，皆能发现美感。而人之对自然物生物、对地理之研究之兴趣，最初皆原于对自然物生物之形态、山川之形态的爱好之情。人对于所求了解的对象，如无情志上的亲和感，则求了解之之纯理智的思想，或将不会开始，亦将不能继续进行下去。

（四）

我们只要承认了我们至少要先对所接之自然事物与自然世界，有一亲和感、美感，我们才会对之求了解，而对之作理智的思索；便知如果我们对于所接之事物与世界，有更深的爱护之情、道德责任感、崇敬赞叹感，我们将必然更能深入的了解所接之事物与世界。自然的对象，亦许人只须对之有亲和感，即能加以了解；然人文的对象之了解，则恒须有此更深的情意。我们尽可先爱护、敬重，寄希望于一个人，后忽了解他之不可爱护、不堪敬重与寄望，乃撤回我们对之之爱护敬重与寄望。然而我们绝对不能深入的了解：一个我们对之从来毫无爱护、敬重，或寄希望于其上之人之长处与短处。同样，一个不爱中国的人，不会深入的了解中国之好处与坏处。一个不先尊敬人类的人，不想对人类社会有所尽责的人，绝不会深入的了解人类之善性与过失，社会之生理与病理。一个对于一切古今人物、历史、文化，都无崇敬景仰赞叹之心，对世界之前途、人类之前途，不曾寄其希望致其盼祷的人，亦绝对不能深入的了解这一切的一切。这亦犹如一个对自己之人格不知爱护敬重，并对自己之将来亦不寄与希望的人，亦绝对不会深入的了解他自己之优点与劣点。

由上所说，便知我们要了解我们所接之事物与世界，而运用思想于其中，以获得知识、成就学问，第一步即在使我们之情志恒运于其中，时时求与之亲和，对之爱护，对之有所尽责，对之敬重，对之寄希望与盼祷。由此情志之树立，我们即能自己不断开拓自己之精神的空间，以时时涵摄此情志所及之人物与世界于自己之内部，而为我们之思想知识学问之不断的进步，备具其真实的可能条件。此之所谓立学问之志。我们能先立如此之志，然后再特别着重我们所接之事物之那一类，世界之那一方面，即可成一某一学问之专家。我们须知真正的专家，亦须以一通识作底子。专家亦须有阔大的精神空间，去涵盖其所接之事物与世界，而于其中选择专门学问的材料。犹如专门采山上之灵芝草的，与山上之牧羊人，同样要踏遍山间原上草。又如当大会场的主席，固然须有全副精神；而专到大会场中找一个朋友的，亦须目光遍照满堂人。

（五）

人立远大的志愿，当然不必即能实现其志愿。人所立的学问上的志愿与事业上的志愿，如果愈远大，即必然愈难实现。如果人误以志愿为欲望，则人立志将徒苦恼他自己，最好不要有远大的志愿。从志愿之实现上说，孔子、释迦、耶稣之志愿，都是直到今天尚未实现的。他们一生所成就之事业与说出之话，仍是极有限的。西方科学家如牛顿在其一生努力完结之后，仍觉如真理之海边拾石子的小孩，不知今日之爱因斯坦在死前，又感觉如何？西方哲学家中，自负如黑格耳，在其临死前，自序其辑书说："柏拉图著《理想国》，修改七次，今日著哲学书，或须修改七十七次。"但他不久就死了，再也不能亲自修改其书了。他要改些什么，永不会有人知道。人之立下大志大愿，如向天抛出一石，当其初抛出时，一直上升，宛若要直上霄汉。但是到了某处，石子仍将循抛物线而落下。但是人在抛出石子时，必须志在直升霄汉，而面对无限的太空尽力抛去，否则连此有限的抛物线，亦不能形成。一切实际的抛物线，只能是有限的。一切圣贤豪杰与学者之实际所能实现之志愿，亦只能是有限的。但是人生的庄严，事业的庄严，学问的庄严，却尽在人之志愿之无限，与其实际实现者之有限之中。因为不管人之所实际实现之志愿如何有限，只要志愿无限，人之胸襟度量，人之精神的空间，便已当下体证无限了。体证无限而承担有限，是为至大之庄严。

（一九五三年七月《人生》杂志第五卷第八期）

新春与青年谈立志

（一）

现在正是学校寒假完毕，春季学期之开始。古语云："一年之计在于春，一日之计在于晨。"故一生之计在于青年。当朝阳初出时，金光灿烂。当春风吹拂时，郊原绿遍，生机洋溢。当人在青年，理合时时"清明在躬，志气如神"。青年朋友们，你们的志气立定莫有？能如神否？你们将以何种心情，对此每年一度之春季学期之开始？

信基督教的人，首先要归主。信佛教的人，首先要发菩提心。中国历代相传的学问之道，首先要立志。诸葛武侯与其子侄书说："夫志当存高远，去凝滞。忍屈伸，去细碎。使庶几之志，揭然有所存，恻然有所感。"你们能去凝滞细碎否？能忍一时之屈伸否？能以高远之心，使庶几之志，揭然有所存，恻然有所感否？

诸葛武侯所说之庶几之志，即依于孟子所谓人之"异乎禽兽者几希"之志。人首先要认识人与禽兽之几希之异，然后才能作一个真正的人，然后才能立高远之志。

人与禽兽，真只有几希之异。试想：饥思食，渴思饮，饱暖思淫欲，怒则斗，惧则逃。人与禽兽都一样。就是寂寞思同伴，欣赏美声美色，人与禽兽，亦差不多。"孤兽走索群，衔草不遑食。"禽兽亦好群居，喜同伴，鳄鱼亦能听音乐，狗亦能对街上之霓虹灯发生趣味。究竟人与禽兽几希之异在哪里？这真值得每一青年朋友仔细思量。

人与禽兽一定有几希之差异。此差异，不当只是一能力大小的差异（如人能造子弹，动物不能等），而且是价值品级的差异。如果不是价值品级的差异，何以人骂我是禽兽养的，我会勃然大怒？人之不愿他人骂之为禽兽，正证明人之深心，皆以同于禽兽为耻，而自信其必有在价值上高于禽兽之处，并自爱其高于禽兽之处，自尊其高于禽兽之处。然而人所苦的，却正在不真自觉其价值高于禽兽者在何处。于是其大多数人的日常生活，乃终归于不免只是饥思食，渴思饮，饱暖思淫欲，求一点世俗的声色之娱，"群居终日，言不及义"，悠悠忽忽，过此一生与禽兽差不多的生活。所以王船山先生尝说："众人者，禽兽也。"此却非骂人之言，此是痛心之语。

青年朋友们，应当先检讨自己的志愿，究竟是否真有异于禽兽者？我现在要说一句一些青年们也许不高兴听的话。即，如果你之做学问，努力读书，而你之目的只在谋一个职业，解决你之生活问题，找出一点小名，找一些恭维你拥护你的人，你的志愿便仍与禽兽差不多。只为职业谋生而读书，与蜘蛛为捕虫而辛勤结网，有什么本质上之分别呢？猴王不是亦会要小猴拥护他吗？

我不是说人不要谋生，不要求职业。好名心与求在社会有一地位，亦是人情所不能免；并且亦不一定是坏的。人总不免有与禽兽相同之处。但是除此同处之外，人总要真真实实自觉与禽兽之异处，而依之以立志，才能成为一堂堂正正的人。

人与禽兽之异处，真是只有几希，即一点点。然而人把稳此一点点，扩而充之，便是无穷无尽，可使人超凡入圣。而对此一点点，亦可用各种不同的话来说，而直说到无穷无尽。我现在所要指点而供青年朋友们反省的，是人之异于禽兽，在有一涵具恻隐之意的客观心情。

什么是涵具恻隐之意的客观心情？须知这一种心情，本是人人所同有而会自然流露的。人只是恒不去真加以反省自觉。譬如我昨天与朋友们在一刊物上看见某地区之一公审所谓罪犯的摄影，一个人跪在地下，后足已先斩断了，前面坐着一排公审的人。马上我与朋友们，即有恻然之色。此恻然之色，即依于一悱恻的心情，而使我顿然再想到此跪下的人之无告的心境。如果再想下去，便当想到，正当的法律裁判当如何，健全的政治是什么？这便都可是我们依于当下一念之悱恻之意，而生之客观的考虑思索。而我们如是去考虑思索之心，即一超出我个人之打算的客观心情。又如我昨天看报见九龙城寨木屋区大火，平民的房屋都烧了，但脱衣舞的戏院却未烧。我登时一念是，除对灾民同情外，兼想到上帝何以不先惩罚此戏院，并慨叹于低级娱乐之毒害人性。我随便举此个人昨日之二个意念，是在指明，我们时时都有一涵具恻隐之意的客观心情在那儿自然流露。人只怕不反省，一反省便人人都知道他时时有此种心情。而此心情，即人与禽兽差异之所在。人只要能常由反省而自觉其自然流露的此类心情，加以保持扩充，即所以立高远之志之道路。亦即人之超凡入圣之道路。

这一种涵具恻隐之意的客观心情，亦即一客观的好真善美，好有价值的人格与历史文化，而恶彼伤害之者的不忍之心。我希望青年朋友们，在此新春，要立志依此类恻隐之意，依此不忍之心以做学问，不要只依求职业地位之心以做学问。

（二）

依此不忍之心以求真理做学问时，我们是对真理与学问本身有一爱好。我们是不忍真理之埋没于天壤间，不忍古人以心血著成的书，莫有人去了解；不安于我自己对真理之无知无明；而要自己打破此无知无明，使客观的真理朗澈昭明于我之心，使我的心如真理之客观而客观化，随真理之所往而与之俱往。"真理你到哪里，我永远跟从你。若有人要我说我心知其违背真理的话，我决不说。"这是立志求客观真理的客观心情。

依此不忍之心以求美善时，我们之做学问亦是爱好美与善本身，不忍与丑恶为伍，而要使美善备于自己之身。我成就我的美善之人格，我即同时为我的家庭、我的学校、我的国家，客观地创造了一美善的人格，而使之巍然卓立于天地间。这是立志求客观美善的客观心情。

依此不忍之心而人有无尽的同情。何以世间有无数的人住在贫民窟？何以世间有无数的殖民地的人，一生不得仰首伸眉？何以世间有无数的鳏寡孤独的人、病人、疯狂的人、流亡的人？何以世间有许多人求入孤儿院、安老院、医院、疯人院，求回故乡故国而不可能呢？

依此不忍之心，人将慨叹何以普天之下，无数天资卓越的儿童不能受教育？何以古往今来无数有价值的伟大人格，皆不为当世所知，或不得其死？何以苏格拉底会饮鸩，耶稣会上十字架，孔子一生会道不行？人类历史文化的道路，何以如此充满辛苦与颠连，而人类现在又同在战争与毁灭的边缘？此不忍之心，使我们时时想到人类世界之充满罪孽与苦难。

然而亦只有此不忍之心，才使我们要发心立志，去促进人类文化之进步，解除人类世界之罪孽与苦难；同时要我们去维护人类自古及今，在罪孽与苦难中，所创造而留传下之历史与文化，去敬礼在罪孽与苦难中奋斗的，古往今来之圣贤豪杰与无数的人们的人格。只有此不忍之心，才使我们必须反对那加深人类的罪孽苦难，破坏人类历史文化中有价值的部分，侮辱人格，戕贼人性之思想与行动，而立天下之公义。

此不忍之心，此一含悱恻之意的客观心情，使人互相勉慰，以共求自罪孽苦难中拔起，使古往今来之圣贤豪杰，与我们一切的祖宗英灵永安，使人类之历史文化有价值的部分，万古长存，使人类文化未来之无尽的进步，有真实的可能。

人只要能常在日常生活中，反省此心情之自然的流露，而自觉的保持之、扩大之，即是诸葛武侯所谓"使庶几之志，揭然有所存，恻然有所感"。此即依于人之所以异于禽兽之一点而立之志，亦即志气如神之志。立此志去做学问、做人，在社会上做事；做一分，算一分，无论成败利钝，总向此方向去。则人无论做事之大或小，多或少，都是同样的伟大，同可顶天立地而无愧。

立如此之志，实并不难，一立便立了。难在立得定，立得稳。立定真不易，我自己尚未立定，何能多责备青年朋友。但是"高山仰止,景行行止,虽不能至,心向往之"。我们总应在此互勉才对。

(一九五三年三月《中国学生周报》)

学问之方法

（一）

有一个流传的故事，说吕洞宾下山，欲寻觅不慕富贵而堪传道的弟子，而遇见一青年。他以指点石成金与之，那青年不要。再以指点一大石成金与之，他仍不要，再点一山成金山，那青年仍无动于心。吕洞宾正以那人能不爱黄金，堪以传道，乃问他要什么，那人说，我不要点成的金，我要你那点金之指头。

这一个故事，常被人引来证明学问方法的重要（通常所谓学问方法，包含读书之态度，思想之态度，与逻辑中之演绎法归纳法，如何定真理之标准等。学问方法一名，并非一涵义清楚之名词，但我们可暂不管他）。学问方法是"指"，依此方法所得之学问，是点出的金。"指"比金重要。只要"指"存，莫有金亦不要紧。所以杜威曾说过，纵然现在之科学文明全部毁灭，只要科学方法存在，即不难再造科学文明。此外不少的西方人与中国人，都有同类意见，以为学问方法比学问本身还重要，可不必多举。

吕洞宾的故事，不仅表示"指"比金重要，而且表示"指"先于金。吕洞宾要点石成金，必须先有那指头。于是有不少人想，人必先有学问方法，乃能治学。如不先知学问方法，其学问必不能成。因为宇宙间一切真理，最初好似是封闭于黑暗中；以要求真理而获得知识学问，必须把封闭的真理之宝藏打开。开门，要先经过门径。门上有锁，必须以一钥匙来打开。学问方法是门径，是钥匙。不得门径，便永在墙外转；莫有钥匙，决不能开锁。又有人比喻：学问方法又如一把刀。只要刀锋利，任何东西都可以切。如无此刀，对一切东西，便都只有囫囵吞枣，于一切事物，剖析不开，便不能见真理之宝藏了。西方的思想传统，由希腊到现在，无论讲自然科学、社会科学、哲学，以至讲神学，讲文学艺术之批评，都要先讲方法论，即以此故。

（二）

但是以上一段话并不全对。说学问方法重要，是对的。但太看重学问方法，一心想得学问方法，真以为学问方法，比学问本身重要，人必先研究了学问方法才能做学问，如必先有钥匙，才能开门，先有刀才能切物一般；则是不对的。其不对之处，可先用吕洞宾故事之本意作比喻。吕洞宾原是要求不爱黄金的人。那青年不爱黄金爱指头，乃是要贪得无限的黄金，这更是不堪传道。许多人不先对学问发生兴趣，立定做学问之志，只想先得一个秘密的学问方法，以为得此方法，无尽学问知识便都可得着；正不免是出于一对学问知识的贪心。以贪心对学问知识，正常是不堪传道，而不配真正做学问。

我们从另一方面，亦很容易证明，并非先有学问方法，后有学问，而是二者同时，或先有学问后乃有所谓学问方法。从人类学术文化之历史上看，是人先对自然社会人生有许多知识之后，乃有自然科学社会科学之方法的讨论。从一个人之获得知识之历史看，小孩生下来，即渐对其周围环境，有感觉知觉，而逐渐有知识。在小学中学中，听先生讲书，更不断接受许多知识。至于对学问的方法的问题，至少亦要到高中程度，才会注意到。而古今的科学家哲学家之述其读书治学之甘苦，如何用工夫，或写出其方法论逻辑学之著作，亦常在其学问已成就，或思想系统已大体完成之后，因而常是其晚年之所著。而他之所以要人先知其学问思想之方法，亦常是使他人对其学问思想之内容本身，更能了解，而免去误会。由此可知学问之方法论，并非先于学问本身，而可说是后于学问本身而有的。

说学问之方法论，后于学问而有，是说学问方法之自觉，乃后于学问而有。在未自觉之先，学问之方法即在学问之历程中。因而是与学问同时有的。人必须先有不自觉的自然应用的一些学问方法，与学问同时有；然后乃能由反省而自觉其所取之方法，以成对学问方法之讨论。所以学问方法先于学问之说，可完全不对。

学问方法之初不是先于学问，如人走路之方法初不先于走路。小孩子不是先知走路之方法而走路。他是一面走，即一面不自觉的自然采取一走的方法。他之走路的方法，初可说是由走路而走出来的。

（三）

不仅走路的方法是由走而来，而且路最初亦是人走出的。路即是道，即可比喻真理。道或真理，亦是人走出来的。所以庄子说"道行之而成"。地上的一般道路是人的身体走出来的。学问中的道与真理，是精神的道路，心灵的道路。这是人之精神与心灵之活动走出来的。古往今来，无数人的心灵精神，不断的在某一学问的道或真理上走；于是才走出今日大家公认的学问中的道或真理来。

所谓学问中的道或真理是人之心灵精神之活动走出来的，不是说这些道或真理是主观的，是人之心灵精神之任意活动之痕迹。不仅人之心灵精神不能任意走出学问中之道与真理；人之身体，亦不能任意走出一般的道路。如人不能在水上走，而在水上走出人的道路来。

所谓学问中的道或真理，是人之心灵精神之活动走出来的，只是说，人做学问用思想时，人一面有种种之心灵精神之活动，即一面发现道或真理。有如太古之人，一面走，一面即见其足下之路。不是走在这边走，而路在那边。

不是心灵精神在这边活动，学问中的道、真理在那边。而是二者俱时而有，俱时而现。人在做学问、用思想时，莫有全不表现道或真理之心灵精神之活动，亦无绝对离心灵精神，而悬空吊起的道或真理。人之做学问，或心之求真理，如果分二方面说，则如主人之见客。这面是主人开门迎客，那面即是客拜见主人。主看客人，客看主人，一面是主观，而一面即客观。要说主观，都是主观；要说客观，亦都是客观。人之主观的心灵精神活动，要客观化于道或真理中，而道或真理，即同时主观化于人之心灵精神之活动中。此是一事之二面。

我们了解人做学问或思想，以求真理或道时，乃一面是我们之心灵精神在活动，一面即自然的采一些方法，再一面即一步一步见到真理或道；便知说真理是一封闭的宝藏，须要先经过一定的门径，以钥匙开锁才能发现之比喻，及刀之比喻，都有不妥当处。因为这都好似先假定：学问中之真理或道，与做学问用思想时之心灵精神活动，先是隔绝的；只有用学问方法为媒介为工具，才把他们连接起来。其实，此三者在学问之历程中，在人之求真理之历程中，初实是三者相依，俱时而现的，此当喻如最初造锁时即同时造了钥匙，造钥匙时亦造锁，初无先后。如其不然，则我们所持的钥匙可能永开不开锁。刀的譬喻亦可换一换。即我们用刀切不同之物，有各种不同之手势。此手势即是切的方法。有某手势，便能切物成什么样子。这比喻人如何用其心灵精神活动去求真理，便能得那一些真理。并不是先有手，中间有个手势，先以手拿一个手势，以此手势为媒介为工具，以切东西也。

（四）

我在上文论，最初并莫有在学问之先作为学问之媒介工具之学问方法。然则我们何以要预备讲学问方法呢？这有两层意思可说。一是自一方面说，此本来是可不必讲的，亦不能讲的。做学问最直接的方法，即是去做学问对学问发生兴趣，去研究各种学问中的问题，了解各种学问的具体内容。学问之最直接的门径，即在好学与好问之中下手。你从哪里发生兴趣，即从哪里开始好学好问。大学者大思想家之所以为大，并不在其先有什么秘密的方法，可以触处成金；而只是他对学问之兴趣浓，关切的问题多，能顺着问题继续的想。心爱真理，真理自会来到其心灵中，如主人好客，客自然来。他亦自然会有他求真理之方法，如主人好客，便有招待客人的方法。然此方法严格说亦只能他自己用。如招待客人之态度情味，各不相同，他人根本无法学一样。所以庄子述轮扁自说其斫轮之方法，只是"斫轮徐则甘而不固，疾则苦而不入，不徐不疾，得之于手而应于心。口不能言，有数存焉于其间，臣不能以喻臣之子，臣之子亦不能授之于臣"。从此方面说，学问方法论便是不必讲亦不能讲的。

但是从另一方面看，则学问方法亦是可讲的。因为如轮扁之说其斫轮之方法不能讲，仍是一种讲，绝对不讲亦是不可能的。我们以上之讨论学问方法的问题，亦无意中透露一些学问方法。如刚才说的于学问发生兴趣，继续思想各种问题，心爱真理等，亦可作方法看。所以，除了不必讲不能讲之外，尚有可以讲而不能不讲的。然此可以讲云云，仍非视学问方法，如获得学问之媒介工具之谓。乃谓我们可以于人类既有学问之后，反省其先不自觉的自然用的方法，而自觉的提出之之谓。由此自觉的提出之，即可启发他人亦自觉此方法。然所谓启发他人自觉云者，即意涵他人原来亦曾自然的依此方法去思想，或本来亦能依此方法去思想之谓。我们绝不能想讲学问方法论者真能以一方法与人，如与人一把钥匙一把刀一般。道可传而不可受，如火之传于薪，并非此薪之火，跑到彼薪，为他薪所接受下来。其实只是引发他处之氧气与他处之薪，而自己化合燃烧，火传来传去，仍是各燃各的。各薪之燃，其火焰姿态，便仍有不相同，而为不可传者。此即又归到上述之不能讲处。所谓"大匠能与人规矩，不能使人巧"。规之圆、矩之方，只是一抽象普遍的形式。此抽象普遍的形式，喻如方法，是可以讲的。然各人之用方法，仍各有其具体特殊之方法，存乎一心。此即各人之巧妙，而不可传不可讲之方法也。

（五）

总括上文所论，我们可以得几点粗略的结论：

一、学问方法原在学问中，人并非必须先知学问方法，乃能做学问。学问方法论，乃人后来反省其学问之历程，而自觉其原所已用方法之产物。故古往今来，尽可有许多大学者，并未注意到什么学问方法论，亦不自觉或未讲出其方法论。如中国从前许多学者。但是人之不自觉或不讲出其学问方法，并非其学问本身无价值之证明。因此，世间有许多好书，都是"鸳鸯绣出从头看，不把金针度与人"。书中并无教人读其书之方法。人只有自己先去读了，才自己去摸索到读之之方法，以至帮助著者自觉其学问之方法。

二、学问方法是重要，但我们必须先有做学问之志，先于学问有兴趣，多多少少经历学问之甘苦，看他人论学问方法之书，才能得益。所谓得益云者，亦不过由他人之言以帮助我自觉自己原已用之方法，或原能用之方法而已。我们不能以好像求学问之媒介工具之态度，如追求一钥匙一刀一般，去追求学问之方法。我们更不能想："我且慢做学问，等我先得一学问方法再说。"

三、一切讲学问方法的书，都只能讲其可讲者。此可讲者恒是比较抽象而有普遍性的一般思想学问方法。这对初学者当然是有益的。但从前人论政治上的立法，说人可以立法定法，然而无使法必行之法。此语是很有意思的。人可由他人而自觉到一些做学问之方法，但是他人恒不能同时又告我如何用此方法之方法。纵然他人再告你以用此方法之方法，仍不能告你用"用此方法之方法"之方法也。所以如何应用抽象普遍之方法，以解决具体而特殊之学问上问题，最后毕竟无法由他人传受。也许在诚意相孚之师友间，以幽情相感之古今人间，可以以心传心，但这亦不在可讲的学问方法之范围中。

四、因为通常所讲的学问方法都是抽象普遍的，而且是由人之学问历程中反省出来的，其价值只限于启发他人之自觉，而自动的应用于具体特殊之学问上的问题；所以讲学问方法，并非真如拍卖一吕洞宾的指头。人亦不能持一定之方法，作为衡量一切学问之标准。有许多讲方法论者，不免视其所讲方法，如吕洞宾之指头，若有此法，则一切学问皆可从之而出；并不免以此方法衡量一切学问，见一学问一著作未采此方法，便视为无价值。这是将方法偶像化、教条化，而中了方法毒。其实吕洞宾的指头，不止一个，而且任何一个，都从来不能单独的出卖，亦无处可买的。单买此指头，亦是莫有用的。

我们要预备讲讲学问方法，当然要承认其重要。但其重要性，只在人已先于学问有兴趣，多多少少经历学问甘苦时，乃能显出。且其中有可讲的，亦有不可讲的。这些都是学问方法论之自身的限制。我们必须知学问方法自身的限制，我们才能讲学问方法论。亦才知如何读此类之书，而不致中方法毒。故我们之此话，亦可说是讲方法论的方法，读方法论的书籍或论文的方法，而这亦就是基本的学问方法论，以后我们当再来讲讲一般的学问方法。

（一九五三年七月一日《人生》杂志第五卷第六期）

学问之内容

（一）学问的分类

要知学问之内容，当先知什么是学。

中国古训学为觉，或训为效。觉是觉悟，是知；效是效法，是行。一切由未知至求知，由未觉悟至求觉悟，由未效法至求效法，由未行至求行，皆是广义之学。此广义之学问之范围，几与人类之文化活动之范围相等。

广义之学中，包含有所效法而生之行为活动。故小孩学走路，学说话是学，学社会之礼俗是学，学一技能是学。此是学之第一类。

但我们通常所谓历史、文学、哲学、科学之学，则所重者不在身体的行为，而重在先有一内心的一种了解、一种觉悟，次求用适当的文字符号，把所了解觉悟者表达出来。此又是学之第二类。

至于学艺术，如学音乐、图画，则恒须先内心有所觉，有一灵感，而又以身体口手把他唱出、弹出、绘出，以表现于形色声音之世界。此是学之第三类。

此外还有如何做人，如何安排自己的人生之学问。此种学问之最高者，为如何完成自己人格以安身立命之圣贤学问。圣贤学问又可通于天，通于神，而达一超越凡俗之境界。此种学问，既须对宇宙人生之真实之觉悟，亦须真正的身体力行，而是知行合一者。

此四种学问中，第一种几与人生俱始俱终。因人无时不在有所效法而依之以行。人或是自觉的有所效法，或是不自觉的有所效法。人或是仿效他人以行为，或仿效自己的意念以行为。同是此类之学。此种学问重在习惯成自然，而不重在天才。

上述第三类之艺术之学，则多少要赖一种天才，赖内心之对于一美的意境，有一直觉或灵感，而表之于声色。如无天才而学音乐、图画等艺术，则其唱歌最高只能到与人合唱，其绘画最高只能到与人相像，而不能说创作。学艺术而只能模仿，则学艺术与技术差不多，于是此第三类之学同于第一类之学。

第四类之学，乃如何做人，如何安身立命之学。此种学问只靠模仿，培养一习惯固不行，只靠天才亦不行。此种学问之出发点在人之真性情。人有真性情，人便会企慕一人格之再生，而依内心之觉悟以求自安其身，自立其命，希圣希贤，成佛作祖。

上述第四类学问是苟非其人，道不虚行，不能随便讲的。中国儒家的圣学，印度的内明，佛家的瑜珈，西方基督教的灵修，属于此类。第三种艺术之学，有艺术天才者，固亦兼须学力。然天才艺术家之所造者，得之于手，而应于心，可意会而难言传。第一种之学，则重习不重讲，故我们通常所谓学问，实只指第二类之学。只有此第二类之学是重在讲的，而且是非讲不可的。因此种学问之本质，即在以语言文字表达吾人内心之所觉。此第二类之学问，其实只为狭义之学问。但人恒以之概括学问之全部，实乃一大不幸。

（二）狭义的学问

我们所谓狭义之学问，即以语言文字来表达我们内心之所觉之学。此类学问，我分之为文学、科学、历史、哲学四种。此四种学问之对象，同是以文字语言符号，来表达此宇宙此人生。然依于不同的心境、不同的观点，而有此四种学问。

历史是以记载事实为目的。每一历史的事实都是一唯一的事实，而有个性的。刘关张桃园结义，是一历史的事实。此事实，自盘古开天地以来，只出现此一次。故凡历史事实皆有一绝对之个体性、单一性。然而每一历史事实，又承以前之历史事实而来，且将继以后起之历史事实。一切历史事实在一时间秩序中，其间又有某种因果线索可寻。历史家的心境，即是一顺时间之长流以流行的心境。历史家的观点，即观宇宙人生之万事万物，皆在一时间之秩序中，各定在一时间之部位；而与前后之事有因果关联的观点，人们恒依于记忆的错误，想象推理的错误，而对于历史事实之秩序，加以颠倒，错置历史事实之时间部位，误连历史事实的因果线索。历史家的工作，则在求正确的记下事实，或考证事实的真相，而去此颠倒与错置，使历史事实咸复归于其本位；历史事实的时间秩序，因果线索，朗澈于人心。而后历史家顺时间长流以流行之心境，亦秩然而不乱，安定而有常。

历史之本质是述事，文学之本质是达情。人情有好恶而对客观事物有取舍，取其美而舍其丑，取其所求而舍其所拒，取其所善而舍其所视为不善。人一有所取舍，则世界若裂为二，其一部凸陈于吾心，其他部则沉没而隐沦。天地虽大，万物虽繁，吾所凝目在枝头之好鸟，则此外之天地万物皆如在雾中。此当下枝头之好鸟，在时间秩序之地位如何，其与其他事物之因果关系如何，皆非吾所欲问。故文学家之随其情之所好，而加以歌咏描述，其心境在本质上乃依于一对事物之空其前而绝其后之观点。吾人对任何事物只观其当下如是如是，而不问其前之所承后之所开，则任何事物皆若浮游而另无所据，其境相亦当同于梦中之境相，想象中之境相。由是而文学家之心境，恒视真如幻，视幻如真。彼既可不着眼于一事物一境相之因果线索，自亦可不复问一事物一境相之时间部位。于是当其追思过去与悬念未来，皆如在目前；并常随其心之所好恶，以重加组织安排，以创造一非复世间所有之一意境。彼乃即生活于此意境中，而以文字语言表达之以示人。

历史与文学虽不同。历史重真而文学重美，历史之境实，文学之境虚。然二者同以具体事物境相为所欲表达之对象。科学、哲学之文字，则同不重以具体事物之境相为表达之对象，而以研究事物之理为最后之目标。科学哲学之不同在：科学求知分理，哲学求知全理。科学重理智，哲学重智慧。科学只是科学，哲学则通于科学、历史与文学，及吾人前所言之效法之学、艺术之学与圣贤之学。

科学即分科之学，分科之学即以一类特定对象之理为其所研究之对象者。故我们说科学重求知分理。譬如以数之关系为研究对象者为数学；以形之关系为对象者为几何学；研究物之能力变化之理者为物理学；研究物之质之变化之理者为化学；研究生命活动之理者为生理学；研究心灵活动之理者，为心理学；研究社会、政治、经济、法律现象之理者，为诸社会科学。而将无生物、生物与人，依一类别之观点，研究其类之共理者，为矿物学、动物学、植物学、微生物学、人类学；研究布列时空之诸星之构造关系之理者，为天文学；研究人所居之一星之里面构造者，为地球学、地质学；研究地面之形状，山川之位置者为地形学、地理学。至于就应用之观点以研究人如何改造治理自然与社会，以达人类之目的理想者，则为诸应用科学。

如以农业学治理改造植物，以畜牧学驯养动物，以机械工程学造机械，以土木工程学造桥梁，以医学治理人身疾病。而诸社会科学更复一方为纯理论的研究社会诸现象，一方研究如何完善社会政治经济组织之方法与原理。故科学者，即以一类特定对象之理、宇宙人生之分理为对象之学也。

（三）什么是哲学

然则什么是哲学呢？我们说哲学之对象非宇宙人生之分理，哲学非一般的知识；哲学之对象乃宇宙人生之全理。哲学是知识的知识。

宇宙人生之全理，如何可成为我们研究的对象呢？谁能把握着宇宙人生之全呢？我们如何会有知识的知识呢？这是人最易感到的疑难。这会使人想哲学是无法学的，亦会使人想哲学这门学问是不应当存在的，还会使人想哲学这东西，根本从来不曾存在过。学问中除文学历史科学外，根本无所谓哲学，对这些疑难，一方很难答覆，一方亦很易答覆。

我们很容易证明可讲的学问中，除文学、历史、科学外有另一种学问，此即哲学。因我这一篇文写到现在，前面之三千字，即既非历史，亦非文学，亦非科学。你看此文看到此，你不能说，我之此文所说毫无意义，亦不能说你莫有了解一些意义。你至少知道了关于学问之分类、科学之分类之一种分法。但是你却不能说此上所说可放在任何一本文学书中、科学书中、历史书中。科学是学问，文学是学问，历史是学问，但谓"语言文字表达之学问，分此数种，与对科学分类的讨论"之本身，则既非历史、文学亦非科学，而是总论各种学问，总论科学。总论学问，总论科学，使我们对学问之分类、科学之分类，有一知识，即一知识之知识。此即属于哲学。而我们之所以能总论学问，总论科学，即我们能综括的求了解宇宙人生之全的证明。因为各种学问各种科学，即是分别求了解宇宙人生，而且是分别表现人生活动之一方面的，而我们又能综论学问，总论各种科学，不即证明我们能以宇宙人生之全，为我们了解研究之对象吗？

实际上，我们每一人都是能以宇宙人生之全，为了解研究的对象的。其证在人都对于宇宙人生之全，有所判断，有所说。人不是常说，"人生是可怜"，或"人生是可爱"，"宇宙永远在变"，或"一切变中皆有不变"一类的话吗？这类的话，皆以人生宇宙之全，作为一所判断的主辞。不管对不对，总是在对宇宙人生之全求一个了解。这即是哲学。这样看，则哲学正是自始即在任何人之心中存在的。哲学家未出现时，哲学早已出现了。

人会想如上述之话即是哲学，则哲学太空洞抽象，莫有什么价值，这种学问不应当存在。只有切实研究一特定对象之理的科学才有价值，才应当存在。但人如果这样想，问题就更复杂了。我可以反问：什么叫空洞抽象呢？你如何知道你所谓更切实的不是更空洞抽象呢？什么是价值的意义呢？什么是应当存在的意义呢？只有科学才有价值、才应当存在的根据，在何处呢？你要知道说只有科学才有价值，本身即不是一科学命题。这亦是一总论科学的哲学命题。科学有价值一句话，亦不是任一特定科学中的话。你说科学有价值，是说科学对自身有价值呢？还是对人生有价值呢？如说对人生有价值，那么人生有无价值呢？如人生无价值，科学如何能对之有价值呢？究竟人生大于科学，或科学大于人生？如人生大于科学，岂非人生比科学更具体更实在，而科学尚比较抽象空洞了吗？这些话你可反对，可以与我辩，但是你愈辩，你即愈离开科学本身，而愈走到哲学里面去了。

你只要了解上之所说，便知哲学是一必然应当存在的学问。因你说他不应当存在，只有科学当存在，以至说只有历史当存在，只有文学当存在，皆只能根据于你的哲学。根据于你对于人生的看法与对"价值""应当与否"之观念。这些看法与观念之本身，即属于哲学。你否定哲学，必须根据你的哲学。所以哲学是绝对不能否定，而是一必然应当存在的学问。

（四）理智与智慧

我们以上的话是从反面的反省，去证明哲学之已存在与必然应当存在。我现在再从正面说说哲学家的心境，或哲学家的观点之异于科学家者何在。

哲学家的心境，即求知宇宙人生之全理的心境。其异于科学家的心境者在：科学家必须先自限其理性之运用，于宇宙人生之一方面；而哲学家则未尝先有此自限。而且他要把一科学家对宇宙人生之一方面所知之理，与其他科学家对宇宙人生之另一面所知之理，会通起来。哲学家的观点，经常是要在一更大的理网中，去看我们所已知之理之地位，或自不同的理、反面的理，自一理后面所根据之理，去看我们所知之理的价值。我们常以此眼光看一切理，即具备哲学精神。

哲学要将人所知之各方面之理会通起来，要自不同的理或反面的理、后面的理，去看我们所知之理。所以哲学家的心境，常是涵盖于他所知之任何理之上，亦涵盖于表现任何理之具体事物之上。哲学家论理的方式，总是翻过一理，到另外一理，或通过另外一理，来建立或否定一理。如此层层上翻，至更高之理，层层通过其他之理，至更大之理，即形成哲学思辨的历程，哲学境界的扩大，与宇宙人生之全理的体验。

因宇宙人生之理无尽，故哲学之会通的工作无尽。然每一会通，都是一哲学心灵的开辟，都是一哲学智慧之证得。知一特定之理的智，是理智；知理之相通相依、相反而相成之智，是智慧。科学在本质上是理智之学，哲学在本质上是智慧之学。

理智之学，重有所得，有所立；智慧之学重融合。分别之冰块融成水，而冰块界限亦破。水若为抓不住者。哲学的智慧所见之境界，亦可以如水之抓不住者。水趣与理趣，同是抓不住，而待人之默然体玩，冥心证会。由此而哲学境界通于文境界、宗教境界。

历史之对象是事，凡事皆有理。然凡事皆不只一理，一事有多方面之理。科学对象为分理，对任一事实，科学家只依一特定观点，以知其一方面之理。故任一科学皆不能全解释一历史上之特殊事件之所以生成，如欲求解释全备，则须综合各科学之理，而此正赖于一哲学智慧。

哲学之本性，一方是重会通的，同时是重反省的。哲学要人反省一切，哲学亦要人反省已成的一切哲学系统。故黑格耳说哲学即哲学史。哲学亦要人反省哲学自身在文化中之地位。最高的哲学反省，使人知道哲学亦只是学问之一部，人生文化之一部，哲学不能离开其他学问而存在，不能离开人生文化之他方面而存在。由此而最高的哲学精神，要人超越哲学之自身，超越哲学的语言文字之自身，去尊重其他学问与人生文化。科学、文学、历史，皆不能离语言文字而存在。然而人之哲学智慧，到知超越哲学自身之限制，以尊重其他学问与人生文化时，哲学精神即可离语言文字而存在。由此哲学便可通于我们在篇首所指出之三类不重语言文字之学问。

（一九五三年三月《人生》杂志第四卷第九期）

与青年谈中国文化

（一）中国之人文精神

广义之文化，包含宗教、哲学、文学、艺术、道德、伦理、科学、政治、经济，及技术上之发明之各方面。本文论中国文化，将限于狭义的精神文化方面，亦即关于中国文化中道德、伦理、宗教、哲学、文艺方面，不过这些之范围，仍甚广。我们以下所能论及者，将再局限于中国之道德、伦理、宗教、哲学、文艺之精神中，特别值得为一切中国人所应注意之点。

我们中国的文化精神，在根本上一言以蔽之，即重人的精神。人为古所谓三才天地人之中。天之原意是指超越的天帝，地即物质的自然世界。重人的精神，不必否定有天帝之存在，亦不必忽略物质的自然世界。只是要以人之精神上通于天而下达于地，使人能顶天立地于宇宙间。中国之道德伦理思想与哲学思想的核心，即在指出人的尊严，维持人的尊严。人有物质的身体，其运动变化，亦依物理界的定律。人是一动物。他与动物，同样的需要物质的营养与求延续其种族的生命。因而人有食色争斗之本能。但人不只有物质的身体，亦不只是一动物。人与一般动物有所不同。一般动物，在中国过去即称之为禽兽。人与一般动物之不同，即中国古所谓人禽之辨。中国之道德伦理思想与哲学思想之最重要处，亦即在于人禽之辨处，首先认清楚。我必须自觉我总有一点异于他人处，我才真是我；人亦必须自觉人之异于禽兽，异于一般动物处，人才真是人。所以人禽之辨，是中国先哲数千年来一直念兹在兹之教。究竟人禽之辨在哪里？在西哲多喜欢说：人是理性的动物，或说人是最像神的，或说人是能造工具的动物，人是有语言文字或能以符号表意的动物。说法很多。中国先哲之说法，亦不全一致。但是，大体来说，中国先哲讲人禽之辨，总是合情理以说。人之异于禽兽者，在其性理，即在其性情。孟子说，人之异于禽兽者，在其有仁义礼智。仁义礼知，见于恻隐羞恶辞让是非之心。此心乃既见至理，亦见至情。此中，中国先哲又喜自人伦人道人文等上讲人禽之辨，而不大从人神之相像，亦少专自人之能造工具等上，讲人禽之辨。这即表示中西文化精神之重点，不必全同。

中国先哲之从人之性理、性情，讲人禽之辨，其义谛恒极精微。今姑只依上文所提到之孟子所讲之仁义礼智来说，则仁即无私的普遍的恻隐不忍之心。义是本于人格尊严之自觉，故孟子以人之不屑受嗟来之食，与"所欲有甚于生者"见义，而以公平正直之心，对人接物皆为义。礼见于自己谦让与对他人之尊重。智见于明辨是与非。

人有仁所以能爱家人，爱国人，爱天下一切人。以至对于禽兽，都欲见其生不忍见其死，对于草木山川，都可有情，而极至于乐观彼万物之生生不已，而有赞天地之化育之心。人有义，有公平正直之心，而求使人我皆得其所，求人与人之平等，家与家之平等，国与国之平等。人之正义感，可无所不运，而以实现各种平等之社会理想，以维持社会之秩序。人亦可以为了正义，而宁死不屈，表现惊天动地泣鬼神之气节。人有礼，能自己谦让以尊敬他人。所以能尊敬父母，尊敬师长，尊敬圣贤豪杰，尊敬一切对人类文化有贡献的人；以至尊敬一切我以外之人，我以前之古人，我以后之后生、来者。人有智能辨是与非，所以能是是非非，善善恶恶，而追求真理，有对自己之过失之反省与忏悔及改过之努力，对他人之过失之批评与督察；而有对他人之忠告，社会之舆论，法律之审判。人之仁极于赞天地之化育，故人可补自然天地之所不足，而与自然之天地参。人之义极于牺牲生命以见气节，则见人自然之生存之上，有一超自然生存之精神价值、精神生命。人之礼，极于尊敬一切人伦世界、人文世界中之人。尊敬之即推而上之。尊敬人，亦即尊敬人所形成之人伦世界与人文世界，而若将人伦世界、人文世界推举而上，以卓立于宇宙。人之智极于使人我皆能不违真理，同得改过迁善，则所以使人类社会日进无疆，使人伦世界、人文世界悠久长存。是人之有仁义礼智之性，亦即人之所以能在自然的天地万物之世界之上，建立一人的世界之根据，而为人与禽兽截然不同的所在。此人与禽兽之不同所在，在其开始点虽可谓几希，然而此几希一点，即壁立千仞。人的世界之无尽的庄严、神圣与伟大，皆自此几希一点而流出。在中国之思想中，自孟子承孔子指出仁义礼智为人之所以为人之特性以后，中国先哲言人禽之辨者，大体皆孟子之意。出入之处，亦无关大体。而中国文化之重立人道之精神，亦可证自孟子而确立。所以我以上特提孟子之意，略加发挥。

（二）伦理道德与尚学术文化之自由及重世界和平之精神

由中国先哲之重人禽之辨，重对于人之异于禽兽之人性之自觉，而依之以建立人伦人文之世界；所以中国之道德伦理，首重家庭中之伦理。相传舜使契为司徒，教以人伦，首即为父子有亲，长幼有序。自孔门弟子起，即以孝悌为仁之本。原来人之对人之情感，正当从最亲近之人开始。中国儒家特重孝悌者，则以孝悌尤为人与禽兽之异之所在。禽兽能爱其子女，然兄弟恒不相亲，尤罕有能孝者。人之孝，表示人之生命精神之能返而顾念其所自生之本。由孝父母，而及于父母之父母，及于祖宗，于是人之生命精神，可上通于百世，宛若融凝无数之父母祖宗以为一。由弟而敬兄以及于一切同族之长兄，以融凝一宗族中一切兄弟以为一。孝之扩充，为孝于整个之民族，而忠于民族之历史与文化。悌之扩充，为视四海之内之人皆兄弟。故孝慈之道之扩充，即纵面的维系民族生命于永久。友爱之道之扩充，即横面的启发民胞物与天下一家之意识。中国先哲所谓仁之最高表现，从横面看是极于民胞物与之精神。自纵面看，则是慎终追远，上承祖宗之心与往圣之志，而下则求启迪后人，以万世之太平为念。而此种仁之最高之表现，其开始茁芽之处，则在家家户户所有之孝悌。故曰孝悌为仁之本。仁至难而孝悌则极易。人诚能从至易处，先下培养工夫，求难于易，而后难乃不难。此即中国先哲之伦理道德之所以首重家庭之孝悌。封建宗法之制，虽衰亡于周秦以后，而孝悌之伦常，至今不改。此皆由于中国先哲之能洞见至仁之大德之本源，乃本此至平凡之孝悌之故也。

中国古所谓五伦，除父子兄弟之伦外，尚有夫妇君臣朋友三伦。夫妇之伦之重要，在中国先哲，并不专从儿女之情上说，而是因为夫妇可以合二姓之好。通过夫妇一伦，而我们之情谊，即超越过我所自生之家庭，而贯通于另一家庭。故夫妇一伦，即家与家之连接以组织社会之一媒介。

夫妇重爱尤重敬。敬即承认对方之独立人格之谓。由夫妇之有爱且有敬而不相乱，是谓男女有别。由是而男女夫妇之关系，乃不至于沾恋狎亵，而别于禽兽。故中国先哲又谓"君子之道，造端乎夫妇。及其至也，察乎天地"。至于君臣之伦，则是就人在政治中之关系言。在现代之中国，君臣之名已废，但其义亦未可全废。唯说来须有一番曲折。本文不谈政治，故暂不多及。但对于朋友之伦，则须略说几句。

中国五伦中最后为朋友。朋友一伦，自一方面说亦是最重要的。父子兄弟之伦，乃生而即有，乃出于天。夫妇之伦一半依自然之男女之情欲，一半依于自觉之爱敬。此乃一半天一半人。而君臣朋友之伦之成立，则纯由人之自觉的选择。但人不参加政治系统，人即可与他人无确定的君臣之关系。而朋友之伦，则是人在社会中与人接触时不可免的一伦。一切同事、同业、同志、同道，皆是朋友。中国古所谓朋友一伦中，即包括师生朋友之关系，重在以道义事业相勉。人对家庭之爱，恒不免夹杂私心。君臣关系恒夹杂利害。然真正朋友之关系，则可为一纯粹之精神上人格上，超乎一切私心与利害之关系。师生之在朋友一伦中，更使朋友一伦，即为学术文化之传承延续之所依据之一伦。中国古人对于朋友之道，重在彼此互信。朋友之间相规以善，故彼此可和而不同。朋友之道，重在互尊其所以异。故朋友之切磋，即所以培植人之宽容异己之精神。朋友之范围，愈大愈好。一乡之善人，友一乡之善士；天下之善人，友天下之善士。朋友师生之伦之扩大，人可尚友千载，神交古人。不仅圣人为百世之师，而人类历史文化之世界中，一切我所欣赏、赞美、佩服、崇敬爱戴之人物，皆可在我们发思古之幽情时，成我们之师友。唯我们之师友之范围，可以横面扩至天下之善士，纵面扩至古今之贤哲；然后吾人之精神乃能日趋于博大与敦厚；然后民族之各地之学术文化，乃更能交流而互贯，以趋于充实，而过去之学术文化，能不断获得新生命之渗入，而日新其光辉。

相连于中国之和而不同之友道者，是中国学术文化中之自由精神，与崇尚人类之和平之精神。在中国历史中，大家都知道莫有西方之所谓宗教战争。虽然佛教曾经三武之厄，康熙曾一度禁止基督教。然而这都有其他的原因，而非由于中国文化之缺乏宗教的宽容。在中国社会中，一直有各种宗教并行不悖的传教之风。所以和会三教、五教同源之论特别多。中国学术在春秋战国时，原是百家争鸣。只有秦始皇曾焚书坑儒。但汉继秦兴，汉初仍是儒道法与阴阳家之言竞起。汉武帝罢黜百家，只是不与百家立官学，仍未尝禁民间百家学术之流行。魏晋以后，佛学东来，中国人立刻竞相讲习。唐代与世界交通更盛，而佛耶回波斯之教齐来。虽然韩愈辟佛，宋明儒亦辟佛而要复兴儒学，然韩愈与宋明诸大师，皆常与佛徒往还，并常出入于儒佛道之教中。至于清代之文字狱，则是满人摧残汉人民族意识之事，又当别论。儒家之成为中国学术文化之主流，乃由于儒家教义，本来较他家为周备，而非由于儒者借政治力量，以钳制他家学术之自由发展之故。而且儒家本来是相信万物并育而不相害，道并行而不悖的。孟子反对他家，只反对其执一而废百。荀子反对他家，只因他家有所见而又有所蔽。儒家之精神，重会通之道，全尽之道。故要于殊涂见同归，于百虑见一致，于睽异而见其相通相类。中国道家则更重思想之自由，中国之所以莫有宗教战争，莫有异端裁判所，中国人之所以最富于宽容博大之精神，而不钳制学术文化之自由发展，亦正由儒家与道家之此种精神所陶养。

至于中国人之重和平的精神，亦是世界所周知的。中国人素来莫有狭隘的国家思想。当先秦时代各国正争霸之时，儒家则讲平天下、治天下，讲太平世，讲大同，讲王道，反霸道。道家讲和天下、均调天下、在宥天下，讲帝道，反霸道。墨家讲兼爱，讲非攻，讲兼利天下、一同天下，讲天鬼仁爱之道，反霸道。唯一的例外是法家，他要尚争战，讲霸道。然而秦一六国，汉代秦兴以后，中国之政治，即以文治为主，仍求以王道易霸道。中国历代固均有北方夷狄之患，不能不有拓边防患之事。然而孔子之教是"夷狄进于中国，则中国之"。南北朝五胡云扰，亦皆渐同化于中国之文化，而有隋唐之大一统。汉唐之盛，重译来朝。然纳贡大皆只以成礼，中国从未有加以征服剿灭之意。而且在当政府正从事拓边防患之战争时，诗人之称美和平而反战之诗，仍到处流行。外来宗教中，回教比较富于战争之精神，但亦为主持正义。佛教则崇尚慈悲，并要人不杀生。而佛教大盛于中国，更使中国人爱和平。中国人之太爱和平，使其易受外敌侵入。然而此爱和平之精神，终是一极可贵之文化精神。而且中国人由酷爱和平，因而极能反抗侵略。故四千年来中国人对于一切侵入之外敌，亦无不能加以同化，或终将其打退。能爱和平而念念在天下一家四海清平，又能保卫和平以反侵略，这真是中国文化中之最伟大的爱和平之精神。

（三）中国文艺精神

我们以上略讲中国之伦理道德与一般之文化精神，我们以下再略说中国之文学艺术与宗教哲学之精神。

中国古代文化原是极富于艺术精神的。不过此艺术精神，即融于一般的社会文化生活之中。中国最早之雕刻，即鼎彝及其他日用之器上的镂刻——中国书画亦由之变来。中国古代比较少希腊式之独立的雕像，中国古代亦缺乏希腊式之戏剧。但中国古代之礼仪中之升降揖让，即同时表现一动作的美，而涵一戏剧意味。中国莫有希腊式之行吟诗人，亦缺史诗。中国最早之《诗经》，大都是人在日常生活与庙堂中的歌咏。中国古代的音乐跳舞，亦与礼仪分不开。这都是说明中国古人之艺术精神，即融于其一般之社会文化生活中。然而这亦同时使中国之人生情调，在本质上即更富于艺术意味。艺术上之美大皆生于调和与节奏对称等。中国文化中尚中和、和平之精神，由中国古代之礼乐之教来，所谓礼以教中，乐以教和，亦即可说是由一艺术精神来。中国古代之自然科学，似不如希腊之发达，我们亦可说是由中国人之艺术性的欣赏体玩同情之趣味，掩盖了理智上的分析综合之趣味之故。然而中国后世之科学在十六七世纪前，仍超过西方。而中国医学之卓绝的成就，则正为本于对人之生命之艺术性的同情的直觉的体察。其尽量求不破坏形体之组织，而将病治好，又依于一道德的感情，亦依于不伤害人之形体之完美之艺术的感情。

至于从整个中国文化史看中国人在艺术文学上的成就与其中所表现之精神，我们大家都知道，中国之书法是中国之一最卓越的艺术。中国过去之读书人，亦无不习书法。中国之书法之美是纯粹线条之形式美。此种形式美，同时启示各种精神意境，反映作书者之人格风度。除书法以外，中国之画——尤其是王维之水墨山水，直至宋元以下之文人画，亦是表示一种极高之意境，而为世界之所无的。唐代之壁画，亦与西方之壁画，表现一不同之风格。至于建筑方面，则中国之建筑中之飞檐、飞角、亭子、牌坊、回廊，虽多是受了印度影响，然亦已成中国文化遗产之一部。至于雕刻塑像则除佛像外，好的比较少。就文学看，西方之文学，最早即有史诗，与悲剧喜剧。而中国最早之文学，只是诗歌与散文，剧曲是宋元以后才有。小说除《红楼梦》《水浒》等外，好者似不如西方之多。所以要了解中国之文学，应当多从中国之诗歌散文下手。中国广义之散文中，可包括经、史、子之文。中国之史家与哲学家，大均兼是文学家。此与西方之史家只重纪事，哲学家即只重说理，而不重能文者不同。由是而使中国之广义之散文中，包括中国诗歌以外之一切文章之全体，而使中国之散文内容极其丰富。

中国艺术文学中所表现之主要精神，我们可以姑借《礼记·经解》所谓"温柔敦厚诗教也，广博易良乐教也"以说。中国之艺术文学，大体上看，都不重表现紧张、激荡、过于刺激之情感，亦不重表现强烈鼓动之生命力，或一往向上超越企慕之理想；而比较重在表现一宽舒广博之气度，温厚和平之性情，飘逸洒落之胸襟，含蓄淡远之意境等。所以中国之书画，均以神品逸品为最高。宋元文人画，要在虚白中表灵气之往来。中国建筑中，古代有千门万户之阔大的宫殿，而缺西方式之高耸云霄之教堂。中国祭天之天坛，亦横卧地上。建筑中之飞檐、飞角、亭子、牌坊、回廊等，亦皆能表示一飘逸疏朗宽舒之意味。中国音乐中之七弦琴与洞箫，亦以淡宕幽和之声见长。在中国从前文学中，则文贵渊雅，诗贵温厚，词贵婉约，即豪放沉雄之诗文，亦要去掉剑拔弩张之概。中国文学中无论言志载道，都要使之足以陶养人之善良的性情。中国过去文学艺术，现在人虽渐不能欣赏，而且有许多都不免太带山林气、庙堂气，亦不全适于今日。然而这终是人类文化中最宝贵的成就之一。而且世界人类如真要陶养其和平之气，而销除暴戾之气，亦终将有一日会大大发现中国之艺术文学之一方面的无上价值的。

（四）中国宗教精神与其哲学

至于说到中国的宗教，则人恒以为儒道墨法诸家，都非宗教。中国古代自巫史分流以后，更无在社会占重要地位之僧侣阶级。所以中国似可说无固有宗教的国家。但是严格说起来，中国古代民族亦是笃于宗教信仰之民族。殷人信上帝，周人信天与上帝。不过中国古代人以勤劳朴实笃于行践著称，故比较缺乏宗教上之神话。周衰而古代宗教精神式微，然周之墨子仍明白教人信天鬼。孔子固然是重知生过于知死，重事人过于事鬼。其施教是教人为仁人，其从政是要天下有道。他不是只以知天事天或证涅槃为目的之耶稣、释迦、谟罕默德一类之人物。孔子以后，孟子讲知性则知天，存心养性即事天，亦似有以道德实践代宗教信仰之意。然而从另一方面说，孔孟以前之中国之礼教与孔孟以后之儒家，均可说有一宗教精神。周代之祭天之礼虽限于帝王，然既有祭天之礼，即有一对天之宗教精神。孔孟虽重立仁道人道，并重尽心知性之修养工夫，然而他们亦未明白否定天或上帝之存在。而孔孟之立身行己与从政施教之事中，亦有一宗教精神。所以我们亦未尝不可说儒家是一宗教或包含一宗教。我们可说儒家之教，是一信天人合德之人道教、人格教或人文教。这一种宗教之仪式即表现于各种祭祀之礼中。荀子说礼之三本，一是天地，一是亲，一是君师。而祭祀之礼中，即包含祭天地、祭祖宗、祭圣贤三者。今民间之神位中，有天地君亲师，是即仍包括祭天地、祭祖宗与祭圣贤之宗教道德意识。中国古人之视天地，即一宇宙生命或一宇宙精神。天地之涵义可通于神或上帝。然除天地外，祖宗与圣贤，皆属于人伦世界、人格世界。周礼以祖考配天。后人祭孔子，亦以孔子为德配天地。在民间之祭天地、祖宗、圣贤之宗教道德意识中，亦包含人德齐天，人可与天俱尊之思想。此种思想乃一重视人伦人格之精神之极致。此外道家不信天帝而信生天生地之道，同时又以人得道即与天地精神相往来，与造物者同游，亦是一尊重得道之"人"之思想。由儒道之思想之重人德齐天，人与天地精神相往来等，故中国以后之道教，即要人实际的修炼成"与天地比寿，与日月齐光"之神仙。而佛教之所以得盛行于中国，亦即由于佛教反对婆罗门教之以梵天在人之上之思想。佛教主张人成佛即有无量功德，梵天之德亦不过如此。故要人崇敬佛，而不崇敬梵天。崇敬佛，亦即是崇敬一种人格。故崇敬佛之宗教精神，亦即一尊重最高人格之精神。佛学到了中国，而有倡即心即佛之禅宗，更表示一尊重人心之意。故我们说中国之天人合德而重人之思想，即佛教之所以能盛行于中国之理由所在。而且从一方面说基督教之最高义，亦要讲到神人合一。神人合一，与天人合德，亦可相通。此亦即基督教能融摄于中国文化之理由所在。不过在佛教中莫有上帝或天，而基督教亦不重祭祖宗与圣贤，且认为人不能对祖宗与圣贤与对天主，有同样之宗教信仰。然而事亲如事天，敬祖如敬天，敬圣贤如敬天，却已是中国儒家之宗教精神之最广大处。

至于说到中国之哲学，则中国之哲学不像西方哲学之重视逻辑知识论、自然哲学之讨论。中国之哲学主要内容即中国先哲对于人生意义、人伦道德、人格修养、人文化成之智慧。而对于天道或宇宙最高原理之认识，亦与此一切关于人之智慧不可分。其表达此智慧，言简而义微，恒多用譬喻，而少用繁复之论证。后人常须作亲切的意会体证与实践之工夫，乃能真得意于言外。这些智慧，我们如持与西洋印度之哲学智慧相比，我们可以发现其特别以平实而亲切、易知易行见长。而且其高明与深远，亦即融于其平实亲切之中。先秦诸子、魏晋名理、隋唐佛学与宋明理学，固皆是中国哲学思想之精华所在。而经书与史集中亦同样包含中国哲学之智慧。中国之哲学与其他学术思想，如科学思想政治思想等，恒难截然分开。同时其哲学之精神，亦即表现于整个文化精神之中。我们如能对于上文所论之中国文化之重人禽之辨立人道之精神，伦理道德之精神，学术文化之自由精神，世界和平之自由精神，与文艺宗教之精神，有一大体之了解；则对于中国哲学之精神，亦可有一大体之了解。故今亦可暂不另详。

（五）余论

我们以上所讲之中国文化的精神，可说只是我们传统的固有文化之精神，亦是我们今日应当加以保存而发扬光大的。但是我们之文化自来不是故步自封、关门自守的。汉唐以后，佛教与印度文化之一些方面，传至中国后之艺术文学及哲学，皆受了印度文化之一些影响。唐代回教又带来阿拉伯文化之一些影响。明清以来，中国开始接受西方之基督教、历法、天算等科学文明。此一二百年中国人对西方之科学工业技术、政治经济之制度，与哲学文学艺术等各方面，都在尽量的求接受。因为中国人一二百年来自觉国运不振，对西方之近代文化之突飞猛进处，自愧弗如。于是在接受西方文化时，常不免只去看西方文化之长，而全然忘了自己，以至鄙贱自己文化精神，而有五四时代以后之非孝非孔、全盘西化之文化改革之论调之产生，及今而有彻底改造或推翻中国文化之企图。本来依中国文化之固有精神，原是相信天下一家，相信道并行而不悖，而对于世界一切学术文化之长，都当虚怀加以学习的。如为了要学习他人之长，一时忘了自己或看不起过去之文化，亦是可以原谅的。但是如对数千年之文化精神之价值，全不认识，而轻易加以鄙贱，则是对不住古先圣贤与祖宗，亦对不住自己的事。至于某些人之欲彻底改造推翻中国文化，谓他人父，谓他人母，则更不是有良心之中国人之可忍。何况依我们以上之所说，中国文化之精神之表现于伦理道德文学艺术宗教哲学者，都原有极可贵之处，而且这些精神扩而充之可作为人类和平、世界新文化之创造之一基础呢？所以我们的文化之将来，应当是一方学他人之长，一方不忘其所本有。温故与知新，当同成为我们之责任。中国过去能融摄印度文化之佛教，而创出中国式之佛教，我们亦必然将能融摄世界之文化，以创造中国未来之新文化，以对世界文化有所贡献。这正是每一中国青年人应当深信不疑而兢业自勉的事。

（《我们的国家》，及一九五二年十二月

《人生》杂志第四卷第三期）

说人生在世之意义

（一）

我们都知道人生在世间，但是我们很少能知此语之意义。此意义之全部的抉发，包含一切人生智慧与文化之全体。我在本文试一说此意义之一部。

人生在世的"在"之一字，与一椅子、一花木、一动物之存在于世间之"在"，大不相同。人之为一存在，与其他之物之为一存在，大不相同。

一椅子在世间，他不知道他以外之桌子及其他任何东西之在世间。除了他自身在他自身，此外的世界中之存在，对于他等于不在，而如在黑暗中。一切纯物质的东西，皆是与此所谓椅子一类的。

花木在世间，他亦不知道其他的花木等同在世间。但是花木要生长，而需要吸收阳光、水分与养料。他于是接触了其他之物之在世间。而且如果他不接触此阳光、水分等，或此阳光、水分等，不在世间，他自己便不能生长，而其生命亦不能真在世间。

动物在世间，而他有知觉。他能知觉椅子与花木之在世间。椅子花木的存在，展露于他的知觉中。一切他所知觉的东西，对他都存在，亦都存在其知觉中。于是他以外的世界之存在，对他开朗了。

动物在世间，而且在世间运动。他运动，而更使其他的存在能接触他物、知觉他物，亦便使他自己存在于对其他存在之知觉中与接触中。

动物不断的运动亦不断的知觉，使动物之生活范围扩展，其存在世间的意义亦扩展。可怜的植物，却只能定处在一地生长，他只是盲目的吸收阳光水分与养料。

高级的动物，似乎不只能知觉，而且能记忆，所以狗似乎认得主人，人可以加以训练。如当你每次摇鞭时，便叫他作某一动作，下次摇鞭，他亦就会作某一动作了。高级的动物，不仅依先天的本能而动作，而且能依后天经验所养成的习惯而动作。于是高级的动物，不仅知觉现在的世界中其他存在，不仅生活于现在的世界。因为他既然赖过去的经验习惯而生活，过去的经验习惯在其生命中，他亦即同时生活于过去的经验习惯所由构成之世界。他生活的范围，比一般低级动物更大了。

（二）

高级动物可能有记忆，亦许还有某一种自然的，适应环境的智慧。但是他不能有自觉的记忆，自觉的智慧。自觉与否，是人与其他动物之大界限，亦是人与其他一切存在之大界限。"自觉"使人生之在世，与其他一切存在之在世，截然不同，而使人在自然的世界之上，开辟一心灵的世界、精神的世界与文化的世界。

人类能自觉的证明，是人人都能说我。哲学家可以主张莫有我。但是你同他辩，他仍然会说，我主张"莫有我"。人能说我，只因人能自觉其思想情感与行为及身体之存在。

人不能说他莫有自觉的能力。因为他说他莫有自觉的能力，他一定能自觉他说了"莫有自觉能力"一句话。如果他不能自觉此一句话，即等于他自觉莫有说话。那他说此话，便等于莫有说。我们亦不须同他辩论。

人是一定能自觉的。人都一定有自觉的回忆过去经验之能力。所以人都能记得一些儿时的旧游，人都能怀念千里外的故乡。

自觉的回忆，使过去了的事重新再现，使已在世间不存在的事，重新在回忆中存在。"过去"在现在的回忆中存在，而我们仍知道所回忆的是过去。故回忆即是在现在与过去之间，搭一道桥，让过去的经验，在此桥上自由行走。这是一个内心的桥。这个桥上开始展现一内心的世界。有了此桥，而过去的虽在世间不存在，而又不是全不存在——因为过去的明明在此桥上。所以自觉的回忆中，包含一使不存在者再转化为内心的世界之存在者之原理。此原理，在内心逆转自然宇宙的时间之流行，而拉回"过去"。使在时间之流中之消逝者、死亡者，复活再生。这是人心深处之一鬼斧神工的原理之透露。

人能自觉的回忆过去的经验，则过去的经验便都可同时呈现于现在，而并排起来，容我们加以比较。比较不同的经验事物，施行抽象活动，便形成概念。人同时又能对于所经验之事物与所形成之概念定下一名字。他定了名字，他能自觉的回忆：他曾对什么事物或概念，定下何名。于是名字与意义之关系，便可确定下来。当大家逐渐承认某一名与某一义之确定关系时，社会通用的语言文字，便产生了。当概念与语言文字产生时，人对于世界存在的事物之知识，便可逐渐产生了。当人应用知识以改造自然社会时，于是有各种技术之产生。

人能自觉的回忆过去的经验，使之呈现于现在，亦可自由的回忆。人能自由的回忆，便能选择所要回忆的，于是人能拆散过去的经验之原来的连系，而重新加以组织构造。人可以拆下鸟的翼，而连结之于小孩的身上，而构成一小天使。人亦可以拆下天上的彩霞，而连结之于美人的身上，而构成一仙姑。无论如何复杂的想象，都可由过去经验之不断的拆散与重组而构成。想象即一切文字艺术与技术之所由成之原始，而想象亦同时使我们能了解未来的世界之面貌，与一切可能的世界之面貌。

（三）

　　人能自觉，所以他能说我，说我想象什么、回忆什么、知觉什么，以至说我说什么、作什么。但是人能自觉他自己，同时人亦知道他以外有他人。我一方自觉有我，同时亦知道有你有他。我自觉我不是你或他，我即与你或他分开。因为我可与你或他分开，所以我会自私。我愈自觉我自己不是你与他，则我愈会自私。所以人因有自觉的能力，亦可使人比其他一切动物生物，都自私得厉害。一个自觉有知识有学问的学者，与自觉富于想象力的文学家与艺术家，亦可以比一般常人更自私得厉害。

　　但是我自觉我自己不是你与他时，我同时知道你与他亦能自觉不是我。我知道我能自觉，便知一切人皆能自觉。我知道我有我的我，我亦知道你有你的我，他有他的我。而我同时是你的"你"，我又同时是他的"他"。于是我知道我不只是我，亦是他人，而一切人亦都可说是我。人由此而有超自私的道德意识。依此道德意识，而知人人皆是我。故有此道德意识之我，便是一涵摄人与我之大我，此大我亦即是我的真我。我之真我中涵摄有你与他，你与他之真我中亦涵摄有我。于是我存在于你与他，你与他亦存在于我。所以儿子存在于父母中，父母存在于儿子中，夫存在于妻中，妻存在于夫中。每一人存在于一切与他发生关系的人之中，一切与他发生关系之人存在此人中。我为往圣继绝学，则往圣在我中；我为万世开太平，则我亦在后人中。我的存在与他人的存在之交光互映，而有人伦之世界。古往今来无数圣哲之千言万语，亦都不外是要人自觉此真我之存在与此人伦之相与之道。人在人伦中显真我，此真我是大我，亦是一无我之我。我有对此大我真我或无我之我与人伦之自觉，所以我能有成己成人，求建立公正平等的政治社会经济之制度之事业心，而人类社会能逐渐实现公正平等的理想。

（四）

我自觉我不是他人，我亦自觉我不是其他的动物生物矿物。能自觉的我与不能自觉之动物植物矿物，更明显有别。我与纯粹的自然物或自然界有别。我生存于自然界，但自然界的存在同时威胁我的存在。自然界的狂风暴雨，毒蛇猛兽，都可以使我不存在。而我的自然生命亦终有一日会走到死亡。我不能必然的或永远的在此自然界存在，同时亦即不能必然的或永远的在人世间存在。世界上可伤害我，使我不存在的原因多得很。人从此想，会觉到我之生命，我之存在，是一浮萍，是一在寒风中摇曳的芦苇。

"人是一芦苇，但是他是一有思想的芦苇。"人可以为其他的东西所伤害而死。但是他能自觉他之可被伤害而死。人都求生，而又都自觉他之会死。其他动物或生物，则只会求生，而不知道亦不自觉他会死。人独能自觉我会死。这正是人之所以异于一切其他存在者。这同时即显出人的伟大。

人之所以能自觉我会死，因为人知道其自然生命有一极限有一边沿。在此极限边沿以外不属于我。狂风暴雨饥荒水火，造成我的生命的极限与边沿。纵然这些都可以科学的力量克服，然寿命有尽，我的生命仍有其极限与边沿。我有尽，而超越于我者则无尽而无穷。但我能自觉我之有尽，我之存在的极限与边沿，我同时亦超越我之有尽，超越我之极限与边沿。犹如我们走到天涯地角，看见外面只有白茫茫的一片大海，我莫法走过去了，我看到大陆的边沿。但我视线同时超溢于大陆之外，与海天之寥阔而同其无尽。

不错，我有死，我知道我会死。我知道我会死于世界中。但是我知我死于世界中，我即同时知我死，我不存在，世界仍将存在，我以外之他人仍将存在。我死了仍有人照常穿衣，照常吃饭。我的房中，有他人来往，我的学校中，有他人来讲书。我不作文章了，仍可有他人作文章发挥类似的道理。然而这一切的一切，却都是现在的我之所知。我死后的世界的一些事，仍是现在的我之所知之一部，因而亦为现在的我之智慧之光，所朦胧地照耀着的。他不全在我之智慧之光之外，便同时不能说全在我之外。如白茫茫的大海，不在走到海边的人之视线之外。

人之自觉的怕死，亦如生物之不自觉求避免死亡。但是人之怕死，常很少全是为自己。人之怕死，常是想着我死了我的父母怎么悲伤，我的妻子何所依恃。我死了，当我的像片挂在追悼会上时，我的朋友将如何难过？我死了，我未尽的责任，谁能代尽？我的事业，谁来继续？除了绝对自私的独身者，很少人全是真为他自己而怕死。人多少都是为他人而不忍先死，人多少都是为其他亲人而生存，所以人在死时，总还要念着其他亲人。你已要死了，又何必念？然而他人在，你便不能不念。这即证明人的情谊，溢出于他的生存的时间之外，而要去弥纶充塞于他死后的世界。正犹如走到海边而不能前进时，我们之前进的志愿，便弥纶充塞于海天之寥阔了。

我们了解了我们之智慧之光，照耀于我们死后之世界，我们之情谊亦可弥纶充塞于我死后之世界，便知我们的自然生命虽有死亡，而我们的智慧之光与情谊，则可透过此自然生命之死亡。我们只要不全是为自己而生，同时是为他人而生，我们的生命既已建筑在他人之存在上，则他人存在，即我之未尝死亡。因为我不只存在于我，而同时存在于他人之存在之中了。

这些道理，便引我们透入形而上学与宗教的智慧。此智慧，更使我们了解人生在世之"在"，与动物植物矿物之"在"世，有截然不同的意义。人只要不全是为他自己而生，则人都能生前亦"在"死后亦"在"。因为他的精神不限制于他自己之生命之内，则他自己生命之自然的限度，亦不能限制他。

（五）

　　人的精神不当限制在自己之自然生命之内，亦实际上不能限制在他自己自然生命之内。人必须在家庭中生活，在朋友中生活，在社会国家中生活，在国际世界中生活，亦在对于自然界之真理之认识、美之欣赏，及对自然界之一切文化活动中生活。人的生命，是依于家庭朋友等一切而存在。每一种我与其他个人社会及自然界事物的关系，成为一根生命的丝，合以织成生命的茧。当我们把一根一根丝抽下时，生命的茧便空无所有了。所以离开了人伦关系与人情，莫有人生。离开了人在自然界所创造的文化，亦莫有人生。人生在人伦人情中，亦在人文中。而人愈能为人伦而生，愈为人文而生，人亦即愈能不限制在他的自然生命以内，而愈能获得永生。

　　现在的世界，是一人化于物的世界。人忘了人生之别于植物之生与动物之生。人亦或只知求生于自然世界，不知生于内心之世界。只知求我生，不知求人（他人之人）生。只知求暂生不知求永生。而求永生者，又或外于人伦人情人文而求永生；而不知即人伦人情人文中以见永生。

卤莽灭裂之论，火驰而不返，而生人之道苦，世界于以大乱。大心深心之士，曷亦反求其本乎？

（一九五二年七月《人生》杂志第三卷第八期）

薛维彻论现代文明生活之弊端

（一）

现代是人类文化剧大变动的时代，一方面有接接连连的世界大战的发生，有无数的政治上军事上之风云人物与野心家，不断的起来，亦不断的倾跌。同时有无数无罪的人们，因此二者而受苦受难。然而同时亦有救世的圣人，如甘地之出现。再有无数的哲学家、思想家、社会科学家，在反省人类社会的乱源，而想从根加以救治。故现代，亦是人类文化思想之一大反省的时代。由此反省，人可以看见西方现代文化之进步，胜于其古代与中世之文化及东方文化之处，亦可看见西方现代文化之种种的毛病与危机。人类如果真要有前途，我相信其未来之文化之形态，将不止不同于西方之古代与中世，与东方之文化之过去，亦将不同所谓西方之现代文化之形态。此种新文化之形态之形成或创造，待于现代人对东西文化之过去与现在之长处与短处，皆有一公平的观察与了解，再对其一切长处，求真实加以综括的贯通，于其短处则加以救治。所以我们固然应当知道现代西方文化，胜于西方之古代与中世之处及东方文化之处；我们亦须对西方现代文明之弊端，与西方之古代中世及东方文化之长处，求深切的了解，而不须讳言西方现代文明之弊端之所在。关于西方现代文明之弊端，西方之哲学家及社会科学家，言之者甚多。这中间的说法，不必一致。我现在在此文中，所想介绍的是德国之一哲学家亦神学家薛维彻（Albert Schweitzer）对西方现代文化的弊端之说明。

薛维彻是在第一次大战后才开始著了不少讨论西方文化的著作。如《文明之衰微与复兴》《文明与伦理学》《上帝之国之神秘》，及论圣保罗、历史上的耶稣，论音乐家巴哈的书。其在德之文化哲学界之地位，是次于斯宾格勒、凯萨林。我在十年前，曾读其《文明与伦理学》一书，当时的印象不深。最近由友人处借来英译《文明之哲学》一书，乃一九五〇之美国第一次版。这书似是原来分开在英出版之《文明与伦理学》及《文明之衰微与复兴》之合版。此书对西方之伦理学及西方之文明，是有一加以改造推进的意愿。他对于西方伦理学中之偏重自我肯定（Self Assertion）与乐观主义，皆深致不满。对西方人之只求征服自然，并于自然界之其他生命皆不知爱惜之态度，亦所反对。他所提倡的是一种对一切生命之尊敬而归于一"宇宙伦理"。同时要西方人多有一点自我舍弃的精神。他认为由此可以包摄东方精神之长，于西方之伦理学与文化中，而逐渐救治西方文化之弊端。他此书之内容颇丰富，行文极老实而不甚露精彩。我现在所介绍者是其论现代文化生活之弊端一段，见此书第二章。同类之意见，他人亦有，不过他说得比较简单扼要。他对现代文明生活之弊端，主要提出五点。此五点，他人可认为尚有不足。但亦可说此五点是最重要的。故我愿加以介绍。唯此介绍不是机械的，我只取其大意。许多地方，我亦加上我自己一些意思，以使我们对此问题，比较更清楚一些。

（二）

此处所谓现代文明生活，即指由工业化组织化所成之现代都市社会之生活。这一种工业化组织化所成之现代都市社会，当然对人们之实际生活有许多利便之处，同时亦增加人们的幸福。如工业生产之效率之提高，商业与交通之发达；由是而有之人所消费之用品种类增多，此用品之供给之方便迅速，社会治安之易于维持，卫生医药设备之增加，学术文化交流之容易等。这一种工业化组织化之现代都市社会或手工业社会，较以前之农村社会，对人们日常生活所增之便利，人人皆能看得到。但是现代都市社会，对人之精神发展，同时亦产生极大的阻碍妨害。这却是一般人所忽视的。究竟得失相衡，利害相较，谁大谁小，正是问题。我认为，我们如真看清薛维彻所举之五个弊端之严重，我们便知人类的理想社会，决不是现代都市社会而是一都市乡村化、乡村都市化，或工业农业化、农业工业化之社会，中国社会将来真要现代化，同时亦须超现代化，而不能只以现代都市社会为最高理想。我一向怀抱此意，而见薛氏书更增我之所信。故我无妨将现代都市社会之文明生活之弊端，一一加以说明。

（三）

薛氏说现代都市社会之文化生活，首先使人失去自由。这即指都市工商业使人离开其土地与乡村，亦使人离开其父母与祖宗之坟茔，夫妇亦得分别在不同工商业机关工作，晚上才回家，而家亦同于旅馆等等而言。这些事都不是出于人之自愿，而是在现代都市社会中人不能不如此。人离开了土地与乡村，离开了家，即离开了自然，离开了人本有的天性，使人心灵在根底上，受到伤害。此即现代人之一切变态心理之原始。

其次在现代都市社会中，各种行业或各种组织的人群，都要各为其利益而竞争。于是使人生活过度的紧张。人过的是工作者的生活，但却不是人的生活。过度的紧张工作，是现代一切工商业都市之一般情形。于是人在工作之余，便不能不尽量求精神的松散，他必需去追求娱乐，而不能再有任何严肃的内心修养，亦不能再集中精神与人讨论学术。期刊与报纸，亦只得尽量求轻松，使人一看便懂。而真正可以与人以教训的书籍，遂被消闲的书籍，打入冷宫，而娱乐本身亦是愈趋于下流。这都是五六十年来每况愈下的都市文化现状，而此种人类精神能力之不能集中以求向上，正是工商业社会之过度紧张工作之必然结果。

（四）

除了现代人失去自由，与精神不能集中向上之缺点以外，第三点现代社会之弊端，即使人根本失却圆满的发展其人格之可能。现代学术是愈分愈细，而人类社会亦不断的分工。各个人之劳动，被组织化，而分配到一狭小而专门的部门。人各从事于特殊的狭小而专门的工作，当然可使工作有更大的效率。然而工作对工作者整个人格精神之意义，却几乎等于莫有了。手工业的工人，了解他工作的目的，了解他每一段工作，对整个工作之全部之关系，所以其每一段之工作，都对其整个人格有一意义。然而现在的工人却根本不能了解整个产业的意义，及一物制造的全部历程。他只是把他人与机器已做好的接下，作了其自己的一段，再交与另外的人与机器。于是反省、想象、智慧、技巧，与一切创造的能力，都用不上了。他的人格之多方面的发展，当然不可能，而只能成为一支离破碎的人格而已。

（五）

现代社会之更大的危机，是使人根本逐渐失去人性或人道感情。现代社会生活使人匆忙。电话与交通的方便，及生活与工作的需要，使人与人之接触频繁。然而人与人接触愈多，则人愈相视如路人。人只有在逃于虚空之地时，才能闻人足跫然而喜。人在朝夕皆与人相接，而又只是以事务相接时，人与人互不了解其内心；则人与人之相视，亦如一些图像在目前荡漾，人与人交际亦如与一些活的机器发生交涉而已。于是人愈不把人当人，而视人如物。当人一习惯于其一套与人交际接触之机器方式，习惯成了自然之后，人亦再想不起其对人之方式是视人如物，而非真正的视人如人了。在都市社会，人对人莫有出自真诚的礼貌，而只有虚伪的仪文。人格价值，人格尊严，人道感情之意识，自然都因人之相视如物而丧失。于是都市社会中之关心战争，谈论战争中人之死亡……亦如谈下棋、谈赌博之输赢而已。

（六）

现代文化生活最后一个弊端，是我们的公共生活之过度的组织化。人类社会生活当然需要组织，然而过度组织化，却是压迫摧残人之创造活动与精神活动的。现代的一切宗教的、政治的、经济的社团，都要想对外发生最大的效果与力量。要求对外有最大的效果与力量，则内部组织愈严密愈好。犹如一个机器，内部之构造愈是钩连得紧，则对外愈能运转自如。然而机器不是生命。人类社会太重组织而近于机器，则人类社会即无精神生命。因在太组织化的社会中，个人愈失其个性，而愈失其内心生活的丰富，则整个社会之精神生命，亦即愈趋于干枯而日近于虚无了。

薛氏由此问题，谈到西方社会在十八世纪，个人尚可表现其个性而自由的讨论交换思想。然而十九世纪至二十世纪，则个人自幼即先受社会之各色各样的训练。社会流行的意见，恒使个人不敢违背。于是个人日失其精神的独立。个人成了一好比莫有弹性的皮球，只有不断的去接受社会组织涂于其上的印象。个人只有在群众的拇指之下，求得其关于政治、国家及一切生活上之见解。同时谁获得了群众意见的拥护，便获得了真理。于是对群众之宣传，便代替了真理之讨论。而现代文化中之无线电、广播、新闻纸，又是最便于是宣传的武器。谁有了此武器，亦即获得了群众。获得了群众，则获得了一切，因为特立独行的个人已不可能存在了。

薛氏指出现代文化生活之五弊端，而莫有论到几次大战与极权的政治之出现。因为照薛氏看来，这些都只是现代文化生活之弊端之自然的表现。当人之精神先已失去自由而趋于分散，人格已趋于支离破碎，而对人日益失去人道感情或人性，而社会复过度组织化，以求对外竞争更有效率时，战争与极权政治，正是必然要产生的。这些，读者推想一番，便可明白。至于我们中国之未来，如要求免于上列之弊端，我想只有见祸害于机先，而以工业农业化，或农业工业化，都市乡村化或乡村都市化，为我们建国之理想。关于这些地方，我上文已提到，今再提一下，但恕我不能在此详细讨论此问题。我只望人们能注意此问题。

（一九五二年八月《人生》杂志第三卷第九期）

六十年来中国青年精神之发展

一、六十年来中国青年精神发展之四阶段

本文谈六十年来中国青年精神之发展，主要是根据我个人之所闻所见与所感，加以直述，而不是根据六十年来之史科，加以分析论列。我写此文之动机，亦不重在叙述过去；而重在以过去为鉴，以致我个人对于现在与将来的中国青年的期望。

六十年来中国青年精神之发展，可以略分为四个阶段。各阶段有各阶段的长处，亦有它的缺点。皆可以为今后之青年之鉴。今先从长处方面说此四阶段。

六十年前今日，是兴中会成立第二年，亦即中山先生第一次谋在广州举义失败，而陆皓东被捕成仁之一年。以后直到辛亥革命之十六年中，有秋瑾、徐锡麟、谭嗣同、

邹容，及黄花岗烈士等，相继殉难。他们都是青年，为了要复兴中国，而不惜前仆后继。关于这时代的革命青年精神之记述，我最爱读的是冯自由的《革命逸史》。这时代的青年之所以能慷慨奋发，他们心中的理想人物，是文天祥、史可法之流，他们的精神，亦即中国传统文化中，以丹心碧血成仁取义的儒家精神。这从他们的言行，处处可以证明。这精神是中国在近代受西方文化政治经济势力之冲击压迫后，中华儿女为了达革新中国之目的，而表现的一种最崇高伟大神圣的牺牲精神。这牺牲精神，在底子上说，是纯根于中国传统文化的。但同时是为革新中国、复兴中国。故与文天祥、史可法等传统的气节之士，为保存故国山河、中原文物，而牺牲个人者不同。这是一种为开创未来时代，而不惜牺牲个人之精神。此却有似于西方之革命家之精神。因而这种精神虽在底子上是根于中国传统文化，然而同时是以一新形态表现。所以后来国民政府定黄花岗节为青年节，我认为是对的。中国之新青年精神，实乃从此时代之青年精神开始。此时代之青年精神，是真正能继往而又能开来。因其是既根于中国之旧传统，而又有一新形态之表现的。

中国六十年来青年精神发展之第二阶段，应当是五四运动前后之青年精神。五四运动，在根本上，是学生反对丧权辱国的条约之政治运动。这与辛亥革命前先烈们之革命运动，纯为对本国政府的不同。亦与先烈们之精神，表现于牺牲自己者不同。五四运动，是始于青年之自觉的要求保存国家之权益。五四运动中的学生们，可以去打外交部，毁外交部长的住宅。这事本是非法的。但是这同时是中国学生，自觉其爱国精神高于当时之政府之客观表现。知识分子当以天下为己任，本是中国文化精神之一端。但在过去的中国知识分子，至少须通过表面上的忠君，才能作以天下为己任的事。此中即可有一精神上之委屈。此精神之伸展，便理当发展出民主政治。民主政治之精神，是政府与人民平等，不自居人民之上，而且同在共遵守的宪法下活动。但是在中国过去君臣之名教大防中，政府毕竟在人民与一般知识分子之上。因而要发展出中国民主政治，中国知识分子在民国成立后，势须再一度客观的表现一种视"不能保护国家权益的政府"若无物的精神。此即五四时代学生打外交部的非法活动之所由生。说其是非法，是因在民主的立宪国家，亦不当有此事。这表示当时的学生之意识，尚非真正的民主的立宪国家之公民的意识。但是这运动，亦表示中国知识分子，真感到"政治必需民主，才能免于丧权辱国之事"的迫切要求之开始。在五四运动以后至今，这迫切要求之成为一求政治民主的潮流，此对中国过去历史而言，毕竟是一划时代的事。

五四运动是一种青年运动，其中表现一种新的中国青年之精神。过去时有人争论五四运动是谁领导。有人说是由提倡新文化运动的人领导的；有人说是由孙中山一直在南方领导的反北洋军阀之政治运动所间接影响而成的；共产党则说是当时的共产主义者领导的。这些争论，实都是枝节。在根本上，五四运动只代表一时代的青年精神。当时全国学生之响应北平学生之活动，只是一爱国意识。百年来的中国人，一直的愿望，本来就是要复兴中国。故无论说谁领导，都不重要。因为谁都可以领导，而实际上谁都不配居领导之功。这只是一时代之青年精神，自己在领导自己。这精神是辛亥革命前之牺牲自己的青年精神，发展为一种求保持国家权益，而要干涉政治、主宰政治的精神。这精神使青年认识政客、官僚不是国家之主人，同时自觉他自己才是国家民族之生机之所在。因而五四时代的青年，有一种不愿受什么现实的势力、传统的习惯和一般社会文化风气的束缚，而尊尚个人自由、新鲜活泼的朝气。这个时代青年精神之价值，是我们所不当否认者。唯今言中国现代青年精神者，只知一五四运动，则不足为训。

六十年来中国青年精神之第三阶段的发展，是国民革命时代的青年精神。国民革命是一打倒北洋军阀与反帝国主义的运动。这是承五四运动时代之政治意识之进一步的发展，而为中国现代之知识分子，要求改革内部政治，并求解除外来束缚之具体的革命实践。余生也晚，在五四运动时，我还在小学读书，只记得参加爱国游行的事。但在国民革命北伐前，我已在北平读书。亲见这时代的有志青年，纷纷由北而南，从军革命。留下的，亦不愿停滞在新文化运动时代的思想家、学者的思想。当时青年的心理，是看不起个人自由主义，而愿投身革命组织，参加国民党、共产党或其他政党，以救中国。此时青年精神，是一种宁牺牲个人自由，而服从集团之纪律，以救中国之精神。这与辛亥革命前之青年精神，是以个人之碧血丹心为革命而牺牲不同，这与五四时代之青年之只有一笼统的爱国之情感冲动亦不同。这时代的青年，是由理智以自觉的了解，只赖个人之力不能做什么，必须集合同志，乃能作救国之事业，因而自愿投身于一政治集团，以组织之纪律，约束自己。这时开始有划时代的学生军参加北伐，在丁泗桥作战，首打败了吴佩孚。这时我认识不少青年，都是分别为其所属之政党，所信之主义奋斗，而流离颠沛，而被捕就戮。这些人虽然名不见经传，然而他们仍各有一段精神，可永垂天壤。这亦决不容五四时代的人与后人，忍心抹杀其价值者。

六十年来中国青年精神之第四阶段，是抗日时期之青年精神。国民革命时代的青年精神，是反对帝国主义。而国民革命成功的结果，是产生九一八事变、七七事变，终于日本帝国主义之铁蹄，横扫中原。这时政府西迁，而千千万万的中国知识分子、中国青年，亦退却至中国之西南半壁。这是中国近代历史上之一最大的悲壮剧。这时我在大学教书，亲眼看见听见无数江南塞北的青年，徒步转徙数千里，到大后方读书。衣不蔽体，食不饱腹，其苦况较今之调景岭之难胞，或尚有过之。但是他们安之若素，一年、两年、四年、八年，等待，期望。终于日本投降，然后回家拜见父母。这时代的青年精神，据我所了解，与以前之青年精神之不同者，在其最能脱去中国从前知识分子的一些习气。辛亥革命前的青年之从事革命，有些常不免一种旧士大夫的矜持气。五四时代的青年之爱国，与讲新文化、新思想，如其谈恋爱，常不免一种中产人家的少爷小姐气。国民革命时代的青年之从事革命，则常带一种五四以来新知识分子之浪漫气。但是在抗战时代之青年精神，则大体说皆较能脱去这些气习。其生活是更平民的、艰苦的。故其意识亦是比较朴实的、少浮华的。从整个来说，我所最喜欢的青年，仍是在抗战时期，由前方流离转徙至后方的青年。而这些青年亦即对抗战后之政府最失望，而被共党裹胁以去，而支持共党统治大陆的青年。这真是一最可悲的事。

如果我以上说的不错，则六十年中国青年之精神，实随时代而发展。一时代的青年，有他特殊的可爱处、可贵处。辛亥革命前的青年精神之可爱处、可贵处，在表现中国传统文化中之杀身成仁、舍生取义之精神。五四时代之青年精神之可爱处、可贵处，在其表现中国知识分子要求主宰政治、改革社会的一股新鲜活泼的朝气。而此两种精神，都是直接在青年个人身上表现的。至于国民革命时代之青年精神，则是通过对政治集团、对主义信仰的献身而表现。抗日时期之青年精神，则通过对民族的抗战事业之忠诚而表现。这些事，我们不要因其太近，而忽略其价值。这都是为炎黄子孙的中华青年之永远的光荣。我们亦不要想：表现这些青年精神的青年，有些已死了多年，或其墓木已拱。亦不要想：一度表现这种青年精神的人，今成中年老年，他们已不复再能表现同一的精神，以至把他们在青年时代曾表现过的精神，亦忘记了。我们不必为此等等致其叹息。我们看时代精神之行程，可是不着眼在任何特定个人。个人死了，个人不能继续表现其原有的精神了，只是个人的事。但是那种"精神"，只要曾经存在，其中有一价值，则此价值即存于永恒之世界中，我们亦永当肯定其中之价值。而此价值，亦永远可为我们所不忘，而永存于我们之心中，以求远去启发后来的青年精神。

二、各阶段之青年精神之缺点

但是我们一方面要承认六十年来中国青年精神的价值，亦须知道他们的缺点。如果莫有缺点，为什么由六十年来之青年化成的中年、老年为中坚分子所组成之国家，会弄到这种田地。对于六十年来之中国青年，首先我们发现一几乎是一般的现象，乃方才我所已暗示到的，即六十年来的中国青年之优良的青年精神，在其到了中年老年，便几乎都很难保持下去，亦很难在他个人身上，发展出更高的精神，或其他的优良精神，以成就他的中年与老年。于是此更高的精神、其他的精神，只好让后来的青年来表现。当青年成为中年与老年，即陆续趋于精神之停滞与堕落。这不只是此六十年中年老年的悲哀，亦即是青年自己的悲哀，民族的悲哀。在中国古代与西方，似都不是如此。而今后中国青年，所面临之最大的考验，即如何去掉六十年来青年精神的缺点，以求如何保持其优良的青年精神至中年与老年，或在中年老年能发展出更高的精神及其他的优良精神。如其不然，则长江后浪推前浪，世上新人换旧人，今日之青年之前途，仍是悲哀的，而民族的前途，亦仍是悲哀的。

六十年来中国青年精神之各阶段之共同缺点，如具体点说，则照我的意思，是在其精神之价值，皆只表现于消极的破坏的方面。首先辛亥革命前之烈士之悲壮成仁，只是为要推倒满清。这价值是在消极的、破坏的方面。这个时代之青年精神，汪精卫在当时，亦是有的。所以他能作出"慷慨歌燕市，从容作楚囚。引刀成一快，不负少年头"的诗。我们当然不能说黄花岗的烈士，如生存下去，后来亦会当汪精卫。此是厚诬先烈。但是只是消极的推倒专制黑暗之革命精神之不足建国，却见于民国成立后最早数年中，革命党人之反为人所厌弃的事实。这个事实，今之国民党人，或不愿意提。后来的青年亦多不知。但是民国初年的舆论，并不喜欢革命党，却尚可征考。这原因我想不只在北方旧势力之有意的摧残压制，这亦是因当时之革命党人最初的革命精神，本身仍是偏于消极的、破坏的，原不足担当积极的建国之大任。

五四运动时代的青年精神之缺点，仍在其不免只表现消极的破坏的价值。当时青年之一股新鲜活泼的朝气，诚然可爱。但与之相配合的新文化运动之精神，则所重只在批判怀疑，打倒礼教与孔家店，并倡文学革命等。这时代青年之新鲜活泼之朝气之价值，便仍表现在消极的破坏方面者为多。这时之青年如胡适之等所提倡之个人自由思想、民主科学思想，诚然是与五四时代之青年精神要求相配合的。但是民主精神不表现于立宪的政治制度之运用，则不能有积极的政治成果，只是一反当时政府之政治口号而已。自由精神如不是一道德上自由精神，又不表现于具体人权之争取，求订之于制度，由法律以保障之，则终归于一种精神之放纵，与个人之浪漫情调而已，亦不能有成果。由当时之提倡科学，使中国后来多少出了些科学家，与其他学者。这些人即大陆之前学术界教育界之重镇。然而这些科学家，后来都多是赞成共产党的。这当由他们的缺乏一种整个文化意识，与政治意识。这些科学家学者中，当然有许多特出人才，亦有可值得敬佩的人格。但亦不少真是为国民革命时代及抗日时代之热情青年，所看不起的道地的个人主义者。这些人多自西方留学归来，只知羡慕西方。其在中国，如只是寄居。其寄居中国，只知道他个人之学术自由、思想自由与社会地位是重要的。除此以外，说什么国家民族、历史文化，他们动辄视为空论。实则此只表示他们对此等等，并不真正关心。最不好的事，是近一二十年我在大学中任教，我又随处发现这些人在学校中、政治场合中，特喜欢互相诋诿、讥刺、排挤、倾轧。说起来每人都是五四时代新文化运动时代风气培养出来的专家。

专家是专家，就是心量褊窄，作事缺乏合作精神。在这点上，我总觉他们赶不上后来参加国民党与共产党的青年，比较能团结、能合作。亦赶不上抗战时代出来的青年，他们比较民族意识强，作事比较不计较个人地位，能吃苦。二十年来中国政治社会之领导人物，多是五四时代的青年人所化成之中年老年人。我们可佩服欣赏他们在青年时代的朝气，但是我们亦不能不承认此朝气中，仍有某一种缺点。此缺点正是在实际生活中，不免倾向于一道地的个人主义。至于他们之口头上的个人主义之理论，则恒不免只是拿来批判、怀疑、打倒他个人以外的一切，包括由孔子、礼教、社会风俗、传统文化到自己以外的其他一切个人。这确是一很糟糕的事。

六十年来中国青年精神第三阶段之缺点，乃由国民革命之反军阀、反帝国主义，原是一消极的革命事业而来。此时代青年精神之长处，在能放弃个人自我，为政党、主义信仰而牺牲。此是可遥契辛亥革命前之先烈精神的。这时代许多热血青年，都为革命为党争而死了。但是国民革命成功，国民政府成立，却一方是五四时代出来的人来居高位，一方则是尚存在的从事国民革命的青年，化成要求以一党治国的中年。这时要以一党治国的中年，不似五四时代出来之人之毛病，在好个人之高位，其毛病在好一种集体的权力。由是而产生无数的党争与党内之派系斗争。国民党以派系斗争而离散。共产党之派系斗争，则将与其存在俱始而俱终。何以能为党而牺牲个人的青年，会化为集体的好权者？此中之理由，在其最初之为党而愿牺牲个人之精神之本身中，即未能免一缺点。即其愿牺牲个人以为党之精神，乃一面放弃自己个人之见，一面即执着党见。故当其革命成功，即要以其党见宰制国人，要以党治国而专权。凡以一党治国之事，行之既久，终必使国民离散。因以党治国之一念中，已将国中人分为党人与非党人。此一念已将国民离散。国民政府之失大陆，其最初原因在此。但其行宪，已使此事成过去。共党则正向此而趋，而其专政，必不免使民心离散形成内部派系之争，亦理之所必至，而决无可逃。

六十年来中国青年精神之第四阶段之缺点，则在对日抗战本身，仍是一消极的事业。抗日时代之青年精神之可贵处，在其能为民族国家，而甘心流离转徙，从军抗战，受苦受难。但此仍是一消极的忍受反抗之精神。因这个精神在根本上是一忍受反抗，故当所反抗者去，而此忍受反抗之精神，又未得其转化为积极的建国精神之道路，亦不与积极的爱护中国文化而加以发扬，及积极的尊重人性、人道、人权之精神，相俱而行，则终必为反抗政府之共党之所利用，而助其得势。此即抗战时代之青年精神所遭受之悲剧之所由成也。

三、中国今后青年当表现之新精神

我们如果了解六十年来中国青年精神之四阶段之价值与缺点所在，便知中国今后之青年当表现之新精神之何所似。

我们了解六十年来中国青年精神之共同缺点，在其所表现之价值，皆偏在消极的破坏方面，便知今后有价值的青年精神，当求表现于积极的创造建设方面。建设什么？建国，建立自己之人格、学问、知识。这是一老话，但是我们须重新细了解其涵义。今日时代之青年精神，不是说不需作消极的破坏工作。有如我们要反对俄国之帝国主义与大陆之极权的政治制度，此工作仍是消极的。但是此消极的工作，是根于我们之积极求建立一民主国家，积极的求保存和发扬中国文化之要求，积极的尊重人性、人道、人伦、人文和人权之精神。而这个积极的目标之达到，并不能以极权的政治制度之推翻为已足。这目标我们即以毕生之力以奔赴之，由青年，而壮年，而中年，而老年，尚不足以完全加以实现。这是我们之一鞠躬尽瘁、死而后已的求不能完的事业。而我们如真知其永不能完，并愿穷毕生之力以赴之，此"真知"即同时可保持我们现在之青年精神于壮年，于中年，于老年，以至于死，而将永无精神之堕落之忧。此点我希望青年朋友们，多多去从根认取，从根参悟，由此再去取法六十年来中国青年精神之四阶段之长，而转化其意义与价值。

我们说辛亥革命前的青年精神，是一中国文化传统中的为成仁取义而不惜牺牲生命的精神。这种精神，当然值得我们崇敬并加以取法。但说到牺牲生命，这话不能出自他人之口。我们不能要别人去牺牲生命。而且由为国牺牲，而血食万世、留芳千载的机会，亦非人人可得。当文天祥、史可法与陆皓东、林觉民，不是人人都有份的。但我可以换一句话说，实际上人人都可在其生命存在时，时时处处积极的表现一种牺牲生命的精神。我们须知，人的生命在根本上即一向老向死而迫近的历程。人生的一切活动，无不本于自然生命力的耗费。因而一切自觉的求有所创造的活动，都是人之自觉的在牺牲其生命力之一部分，亦即可说是对生命有所牺牲，而自觉的向死的活动。试问思想家不牺牲其一些生命力，如何能发现真理？诗人不牺牲其一些生命力，如何能写诗？事业家不牺牲其一部生命力，如何能成事业？贤妻良母不牺牲其一些生命力，如何能造一好家庭？一切人生之自觉的创造活动中，同赖于人之一种牺牲的精神。依我的哲学，真正的人之所以要有自然生命，在其深心中，实际上都只是为了要实现他的精神上之理想，而成就其精神生命。一切真正的人，为了实现其精神上之理想，他都愿多多少少有所牺牲。因而凡真正的人皆有其"所欲有甚于其生者"。但是人亦皆愿保存其自然生命，以使其更能多实现其无限的精神理想，成就更丰富的精神生命。故除非在二者不可兼得时，人总是爱生。然真正在二者不可兼得时，亦是人人都可死的。君不见报上常见有极普通的人，为了不得其精神上之所欲而自杀？所以我们亦并不须只以踏着先烈血迹前进一类的话，去教青年学牺牲。重要的只是每一青年要有一积极的正面的精神上之崇高理想。有此理想，而真觉其可爱，习于心而存于梦寐，则纵然前面有血迹，我们到那时，也人人都能照样前进。如果你说你会怕，青年们会怕，则你尚未了解真正的人性，须下苦功参悟。而且如果真正人会怕，则任何要人牺牲生命、成仁取义的话，亦永不会有效。所以我赞成定黄花节为青年节，但我并不赞成要青年们直下便去学他们之牺牲生命的精神，这还是消极的。更重要的事，是青年们要有一积极的正面的精神上之崇高理想，真觉其可爱，使之习于心，而存于梦寐。唯此是各人自己之修养工夫之所在，亦无一足以为外人道。世间亦只有由此真工夫，而有之杀身成仁、舍生取义，是有血性之青年人所能有，而中年人老年人可更能有者。青年们如全无此真功夫，则不管你在青年时能如何慷慨激昂，置死生于度外，到了中年与老年，血气既衰，同免不了堕落为只求苟且偷生的官僚政客。这个道理，是中国以前儒者都了解的。辛亥革命前先烈之精神，除了由于国亡无日之忧惧，满清之黑暗专制而激起者外，亦当兼是由于先受中国儒家文化，直接间接的正面的陶养。但是数十年来之为政者及主义宣传者，却多不了解。

于是愈求忠贞之士，而相去愈远。故至士节败坏，将不能守土，官不能殉职，天下乃瓦解土崩于一旦。悲夫。

我们上文所说的，是要转化辛亥以前之青年先烈之牺牲精神为一种积极正面的、各人在内心建树一精神上之崇高理想的、今后之青年精神。我们其次要说的，是我们还要转化五四时代具新鲜活泼的朝气、各自崇尚其个人自由的精神，为尊重一切人之人权，而求建立制度，加以保障的精神。我们说五四时代的青年成为中年老年后，恒不免堕落为道地的个人主义者。而这种道地的个人主义者，无论如何，我看不出什么值得尊敬的地方。一个人如真只求他个人的自由，则尽可以到英美去住居，这就够了。我们现在要在中国提倡个人自由，决不能是只为我这个人，而当是为中国一切人的个人。在此我们首先应当对于在大陆的我们之父母、兄弟、亲戚、朋友，及一切同胞之失去一切个人自由，先有一难过不忍的恻隐之心。本此心去求建立一社会政治制度，以保障中国一切人之个人自由或人权。这是一种客观上需要逐步实现于中国之国家社会的事。此最有待于海外之能享自由的青年之共同的道德的努力。此努力，无论如何不能说是只为我个人自己，而是兼为我个人以外之其他之一切个人。离共同的道德的努力，此事决无自然实现之理。而今后之青年们，能有共同的道德的努力求实现此事，此即可把五四时代之消极的、求去除个人之束缚的重个人自由，及空谈自由人权之理论精神，转化为积极的为中国建立一人人之人权有保障的自由社会的精神。这亦是今后中国青年之划时代的使命之所在。

再其次，从国民革命时代下来的个人自愿献身于政党主义的青年精神，其价值在青年们之能为一客观的政治组织与政治理想而奋斗。这是比五四时代留下之个人主义精神进一步的精神。而中国之社会要发展出各种社会组织，真正之民主政党，亦理当有此阶段之青年精神为之媒介。但这种精神后来化出之以一党专政，及党团派系之意识，则明须彻底转化。此转化后之精神，不能退到五四时代留下之道地的个人主义的精神。这当是一种"一方能本合作精神，以积极的参加客观的社会组织、政党组织，并为之而奋斗；而同时尊重其他的社会组织、政党组织，而在一公共的国家宪法下，求相异而相益，相反而相成"的一社会化的个人精神。而中国之建国，如离此种形态之社会化的个人精神为基础，亦是终古无可能的。

最后对日抗战时代的为国家民族而忍受痛苦、反抗强敌的中国青年精神，亦须转化为另一积极的真正要重建中华的精神。现在我们是退居到了海外。但是正因为此，整个大陆的秋海棠叶，便更能全幅的呈现于我们之心灵，而整个国家之山河、人物、历史、文化，亦都可横陈于我们心灵中。因而我们每一人即可在我们主观的世界中，涵盖着一整个国家。说到这点，请大家不要悲伤。世间上有一颠扑不破的真理，是主观心灵中真存在的好东西，必然要求客观化。在心灵中已成为整个的好东西，它就要整个的客观化出去。此处的好东西，就是我们之积极的正面的去重建"能表现中国文化精神而光大之，能表现对于人性、人道、人伦、人文、人权之尊重之中国之国家社会"之理想与精神。而此理想与精神，则必待于今后之中国青年，尤其是海外之广大青年之加以承担。

（一九五五年九月《大学生活》第二卷第五期）

外文人名中译对照表

Dewey, J. 杜威

Einstein, A. 爱因斯坦

Hegel, G. W. F. 黑格耳

Jesus Christ 耶稣

Newton, I. 牛顿

Plato 柏拉图

Schweitzer, A. 薛维彻

Socrates 苏格拉底

人生之体验
定价：52.00 元

人生之体验续编 病里乾坤
定价：48.00 元

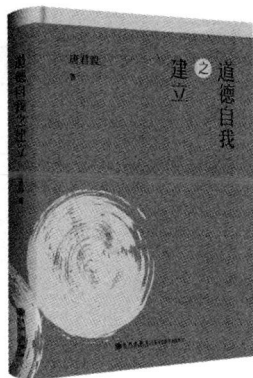

道德自我之建立
定价：38.00 元

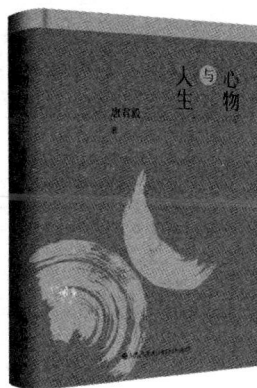

心物与人生
定价：46.00 元

中国哲学原论·导论篇
定价：108.00 元

中国哲学原论·原性篇
定价：118.00 元

中国哲学原论·原道篇
定价：360.00 元

中国哲学原论·原教篇
定价：128.00 元

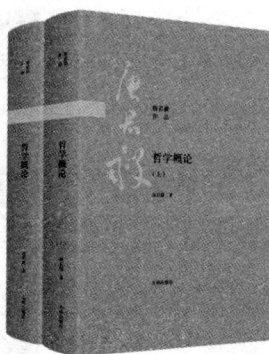

哲学概论
定价：340.00 元

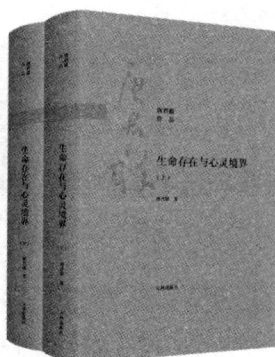

生命存在与心灵境界
定价：260.00 元

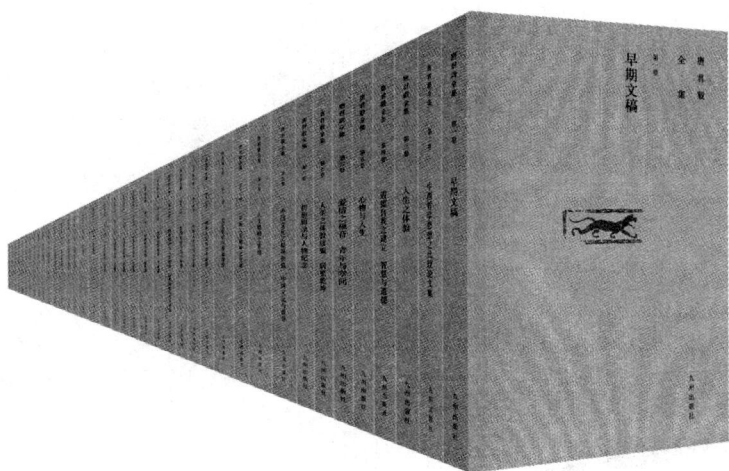

唐君毅全集（全三十九卷）
定价：4980.00 元

学术与政治之间

徐复观全集

徐复观全集（全二十六册）
定价：1790.00 元